KB231366

습관 혁명

당신이 잃어버린 시간을
찾아 주는 습관의 힘

습관 혁명

마크 레클라우 지음
김성준 옮김

팬덤북스

습관을 혁명하여 당신의 삶을 바꿔 보라

우리가 가진 가장 소중한 것은 시간이라고 말하지만, 마치 영원히 살기라도 하는 것처럼 시간을 낭비한다. 사람들에게 왜 당신은 꿈을 좇지 않는지, 또는 왜 당신들이 좋아하는 일을 더 많이 하지 않는지 물어보라. 사람들이 말하는 일반적인 대답은 "돈이 없어요"나, "시간이 없어요"이다. 부자들은 보통 "충분한 시간이 없어요"라고 말한다. 나의 친구들과 고객들에게 항상 듣는 일반적인 변명도 "시간이 없어요"이다. 심지어 명백하게 이 세상의 시간을 모두 가진 듯 보이는 사람들조차 여전히 충분한 시간이 없다고 주장한다.

앞서 두 권의 책을 끝낸 이후 이와 같은 말을 너무 많이 들은 나는 마침내 시간 관리와 생산성에 관한 책을 쓰게 되었다. 당신이 할 일을 스스로 완수하기 위해 필요한 여유 시간을 찾거나, 당신이 좋아하는 일을 하기 위해 보다 많은 시간을 가졌으면 하는 바람이다. 당신은 성공적인 사업가, 기업인 또는 일반 직원이 될 수 있으며, 가족과 함께 충분한 시간을 보낼 수도 있다. 시간은 바로 그곳에 있다. 이제 함께 가서 찾아보도록 하자.

"좋아요, 마크. 좋은 생각이군요. 그렇다면 '혁명'이란 도대체 무슨 말인가요?"

당신은 내게 이렇게 물을지도 모른다. 혁명은 수년 동안 셀 수 없이 많은 시간 관리 책들에 목록으로 실려 왔던 일반적인 시간 관리 도구이다. 뿐만 아니라 당신과 당신의 태도, 믿음과 같은 것들을 조사하는 '생산성의 이너 게임Inner Game'도 살펴본다는 의미이다. 여기에 바로 진정한 혁명이 존재한다.

나는 당신을 더욱 행복하게 만들어 줄 여러 연습에 대해서도 살펴본다. 행복한 뇌일수록 보다 생산적인 뇌라는 사실은 이미 증명되었다. 만일 당신이 행복하다면 중립적이거나 비관적인 상태에 있는 사람보다 20~30퍼센트 나은 결과를 가져올 수 있다.

나는 여전히 시간 관리라는 용어를 사용하고 있다. 비록 시간은 관리될 수 없다고 지금까지 알고 있었더라도, 우리는 어쩔 수 없이 시간을 영원히 사용할 것이기 때문이다. 우리는 오로지 시간을 사용하는 방법만을 관리할 뿐이다. 당신이 시간을 굴복시킬 수 없다면, 지구상에 있는 모든 다른 사람들과 마찬가지로 하루 24시간만을 가지게 된다.

물론 시간 자체를 관리하지는 않는다. 당신이 해야 할 일의 우선순위를 관리하는 것이다. 그럼에도 나는 여전히 '시간 관리'라는 용어를 사용할 생각이다. '시간 관리'라는 용어가 너무 마음에 들기 때문이다.

일부 개념들은 이 책에서 반복될 것이다. 당신을 불쾌하게 만들거나 쓸데없는 단어들로 책을 채워 넣기 위해서가 아니다. 많은 개념들이 서로 연결되어 있기도 하고, 반복을 통해 가장 중요한 개념들이 더 잘 정착되기를 바라는 마음이기도 하다.

그렇다면 왜 '생산성'인가? 아주 쉽다. 보다 생산적인 사람이 될수록 더 많은 시간을 가지기 때문이다. 진부하게 들리는가? 그럼 이건 어떤가? 보다 생산적인 사람이 될수록 직장에서든 사업에서든 더 많은 수입을 얻을 것이다. 심지어 취미 생활을 통해 돈을 벌 수도 있을 것이다. 이제는 관심이 좀 생기는가? 나는 정말로 당신이 그리되기를 바란다!

항상 그렇듯이 나는 그저 일을 완수하고 발전해 나가기 위해 생활 속에서 직접 채택했던 습관들에 대해 쓸 따름이다. 그러한 습관들은 과거 12개월 동안 두 권의 책을 쓰고 다양한 온라인 프로그램과 워크숍을 설계하는 데 도움을 주었다. 업무 시간을 절반으로 줄여 이전 직장이었던 출판사(단지 8명이 일 년에 1,200개 이상의 출판 프로젝트를 처리했던 곳으로, 아마도 유럽에서 가장 능률적인 기업이 아닐까 생각한다)에서 생존할 수 있게 도와주었으며, 주말에 일을 하거나 직장에서 초과 근무를 할 필요도 없게 되었다.

재미있게도 친구들은 "마크, 너는 베스트셀러 작가라서 미리 예약하지 않으면 못 만나겠네"라고 말한다. 사실 나는 항상 친구들을 만날 시간이 있어서 결국 약속 시간을 먼저 정해야 하는 상황이다. 나는 너무나 생산적이어서 흔한 비서 한 명도 두고 있지 않다. 어쨌든 내게는 하나의 즐거움이라 지금도 모든 이메일에 직접 회답을 해주고 있다.

실제로는 비서를 두는 싶은 마음이 간절하고, "너무 바쁘고 고객들도 많아서 내게 온 이메일에 답장해 줄 시간조차 없어요"인 척한다. 하지만 자기 계발의 권위자인 브렌든 버처드가 처음으로 100만 달러를 모으기까지 모든 일을 스스로 처리했다는 글을 읽고 나서는 내가 할 일을 혼자서 처리하기로 결정했다. 또한 성공한 사람들 대부분은 생산적이어서 자신의 이메일에 직접 답장을 보낸다는 사실도 알게 되었다.

직장에서 생산성은 대개 무시하는 과정이다. 개인적인 업무 과정들은 잘 분석하지 않는다. 기껏해야 단순히 업무 완수를 위해서나, 진행 과정에서 처리해야 할 위급한 상황이 발생할 가능성을 최소한으로 줄이기 위해 노력할 뿐이다. 그것이 바로 정확하게 실수로 나타난다. 자신의 업무 처리 과정을 인지해야 한다. 과정을 분석하고, 귀중한 시간을 어디에서 잃어버렸는지 확인하여 수정해야 한다. 그래야 일을 완수하기 위해 필요로 했던 시간 이상을 가질 수 있게 된다.

다른 하나의 문제는 사람들이 자주 바쁜 것과 생산적인 것의 커다란 차이를 이해하지 못한다는 점이다. 바쁘게 움직이고, 초과 근무가 장려되며, 생산적이고 체계적이면 종종 '할 일이 별로 없는' 상태로 비춰지는 문화 속에서 우리는 자랐다. 지금도 나는 직장에서 빨리 퇴근하거나 정시에 퇴근하겠다고 말하지 않는다. 심지어 하루 종일 엄청나게 바쁘게 일하면서도 정작 중요한 일은 하나도 하지 못할 수 있다. 하지만 일단 바쁜 것이 아니라 일에 대한 결과를 선택하기 시작하면, 세상 모든 것이 달라지고 이전과는 다른 커다란 차이가 만들어진다.

고객들은 일반적으로 30분이나 1시간의 시간 구역을 찾지 못한다. 그들이 찾는 시간은 여기에서 1분, 저기에서 3분 하는 식이다. 이 시간들은 합칠 수 있다.

이 책에서 배우게 될 도구와 습관들은 새로운 것이 아니며, 새롭게 공개되는 비법도 없다. 아마 대부분을 이미 알고 있을 테지만, 그것이 핵심은 아니다. 아는 것만으로는 충분하지 않기 때문이다. 지금 당신이 원하는 일을 하지 못하고 늘 바빠서 지쳐 있는 상태라면, 여유 시간을 찾아내기 위해 실천하고 책에 소개된 방법들을 사용해야 한다. 방법들 전체가 항상 모든 사람들에게 효과가 있지는 않다. 당신에게 가장 편안한 몇 가지를 선택하여 바로 시작하면 된다. 지정한 기간 동안 일관되게 수행하고 결과를 분석해 보라.

당신이 배우게 될 내용들은 매우 상식적이다. 다시 한 번 말하지만, 상식적이라고 일반적인 행동이 되지는 못한다. '일반 상식은 모든 상식이 지닌 최소한의 공통부분'이다. 비록 효과가 있더라도 오로지 당신이 스스로 행동으로 실천할 때에만 해당된다! 실천은 단순해 보여도 쉽지가 않다. 정말 쉽다면 우리는 삶 속에서 충분한 시간을 가지고 있을 것이다. 우리 중 대부분은 그렇지 않다. 지금이 행동으로 옮길 시간이며, 나는 당신이 바른 습관으로 복귀하도록 만들 것이다.

아리스토텔레스는 거의 2,500년 전에 이미 알고 이런 말을 했다.

"우리가 반복적으로 행하는 것은 우리 자신이다. 그렇다면 탁월함은 행동이 아닌 습관이다."

생산성도 마찬가지이다. 항상 초과 근무를 하지만 일을 완료하지 못하고 있는가? 가장 순수한 형태의 광기는 '다른 결과가 나오리라 기대하며 똑같은 일을 계속해서 반복하는 것'이라고 아인슈타인이 말했던 것처럼, 아마도 당신에게 무언가 변화를 주어야 할 시기가 되었음을 의미하는지도 모른다.

나는 생산성을 더 높이기 위해 당신에게 필요한 도구와 습관들을 보여 줄 것이다. 최선은 당신의 시간과 삶을 다시 회복하기 위해 아무것도 필요하지 않은 경우이다. 단지 하나나 두 가지의 일을 매일 일관되게 행하는 실천만으로도 당신에게 효과가 있을 것이다. 핵심은 일관성에 있다. 하루를 빠뜨렸다고 해도 염려하지 말라. 그러다 아예 포기하는 사람들도 많이 있다. 4~6주 동안 일주일에 6일만 실천한다면 아예 하지 않은 사람보다는 훨씬 좋을 것이고, 당신은 그에 따른 결과도 얻을 것이다.

삶을 바꾸기 위해 스스로 매일 해야 하는 일이라는 사실을 명심하라. 30일 이상 당신이 선택한 습관을 실천해 보고 어떠한 변화가 일어나는지 확인해 보라. 나는 지금까지 코칭해 주었던 고객들이 엄청난 성공을 이루는 것을 보아 왔다. 당신도 그렇게 한다면 인생이 바뀌게 될 것이다!

어떻게 당신의 생산성을 높일 수 있을까? 이 책을 통해 '목표 설정하기', '정리 정돈하기', '우선순위 정하기', '계획하고 시간표 짜기' 같은 일반적인 시간 관리 기술들을 살펴보라. 당신은 정신을 산만하게 만들고 방해하는 원인을 확인하고 효과적으로 처리하는 법을 익히게 된다. 미루는 행동이 무엇이고 어떻게 극복하는지도 살펴본다.

2부에서는 보다 많은 시간을 획득할 몇 가지 간단한 습관들을 소개한다. 3부에서는 가장 중요한 핵심이며, 도구나 기술보다 훨씬 중요한 부분일지도 모르는 '시간 관리의 이너 게임'을 살펴본다. 당신의 믿음과 마음가짐이 바르지 않다면 모든 도구와 습관들은 그리 효과적이지 않을 것이다. 그에 반해 당신의 믿음과 마음가짐이 올바르다면 놀라운 결과를 경험할 것이다.

CONTENTS

자기 수양과
약속

함께 시작해 보자! 당신에게 훈련이 필요하고, 무슨 수를 쓰더라도 하루 중 자기 수양을 위한 시간을 찾기 위해 전념할 각오가 되어 있다면, 당신은 보다 더 생산적인 사람이 될 수 있다.

"나는 더 많은 책을 읽고 싶어", "운동을 더 하고 싶어", "책을 쓰고 싶어", "좀 더 자연 속에 묻히고 싶어"라고 말하는 사람이 되지 말라. 그렇게 행동해서도 안 된다.

자기 수양과 약속은 당신이 실천하겠다고 말한 일을 정말

로 행동으로 옮길지 결정하고 계획하고 지켜 나가는 특성이
다. 다시 말해, 미리 앞날의 계획을 세워 끝까지 해내는 성격
적인 면이다. 더욱이 마음이 내키지 않을 때조차 당신이 해
야 할 일은 해야 한다는 의미이다.

자기 수양이 부족하다고? 염려하지 말라. 지금부터 시작하
여 자신을 훈련해 나가면 된다. 근육을 단련하는 과정처럼 훈
련을 거듭할수록 더욱 많은 성과를 얻는다. 자기 수양이 부족
하다고 여겨진다면 작지만 달성 가능한 목표들을 설정함으
로써 훈련을 시작할 수 있다.

- 문장으로 적는 대신 매일 1,000개의 단어를 기록하기.
- 매주 하루를 정해 한 시간 동안 전화를 받지 않기.
- 기상 후 처음 90분 동안 휴대폰, SNS, 이메일 확인하지
  않기 등등.

타인과의 약속만큼이나 자신과의 약속도 중요하다. 약속을
지키지 않는 행동은 끔찍한 결과를 초래한다. 에너지를 잃고,
명확함이 희박해지며, 그보다 나쁜 것은 당신의 자존감에 영
향을 미치게 된다는 점이다!

오로지 당신이 진정으로 원하는 일에 대해서만 약속하라.

그것은 더 적은 약속과 더 많은 "아니요"를 의미할 수 있다. 당신은 이미 시간을 벌고 있는 것이다. 실행으로 옮긴다면 얼마의 시간이 걸리든 반드시 약속을 지키도록 하라.

"아니요"라고 말하는 것은 너무나도 중요한데, 아마도 최고의 시간 관리 비결이 아닐까 싶다. 그런 까닭에 이 책에서는 완전한 별개의 내용으로 다루고 있다.

목표를
설정하라

당신이 대부분의 사람들과 유사하다면 일주일 만에 할 일은 과대평가하고 한 달 만에 할 일은 과소평가할 것이다. 만약 한 번에 한 단계씩 진행하며 유연성을 유지한다면 시간이 지날수록 예전에는 감히 상상조차 못 했던 일을 해내는 자신을 발견할 것이다. 마치 '복리 계산법'처럼 시간별로 나뉜 작은 단계들이 모여 엄청나게 큰 무언가를 달성하게 된다.

먼저 목표를 설정하라. 그러면 목표가 당신에게 올바른 길을 인도해 줄 것이다. 명확하게 규정된 목표는 당신의 생산성을 더욱 높이는 지름길이며, 길을 알려 주는 GPS 시스템과도 같다. 길 안내를 받으려면 우선 당신이 가고 싶은 곳이 어디인지 알아야 한다!

목표를 달성하기 위한 첫 번째 단계는 글로 써 보는 것이다. 지금부터 3년 전만 해도 나는 커다란 목표 설정에 대한 생각조차 하지 못했다. 그저 의심 많고 회의적인 사람에 불과했다. 그때 나는 목표를 적어 보았고, 곧 믿을 수 없는 일들이 일어나기 시작했다. 나는 훨씬 더 생산적이고 집중적으로 바뀌었으며, 몇 달 전에는 상상할 수조차 없었던 목표들을 달성하는 사람이 되었다.

목표를 설정하고, 직접 글로 써 보고, 달성하는 것. 심지어 목표를 초과하여 달성하는 만큼 좋은 일은 없다. 물론 목표를 적으면 갑자기 당신이 달성할 일과 그렇지 않은 일을 구분하는 능력을 갖게 되는 위험도 있다. 그렇다 하더라도 용기를 내어 시도해 보라. 그럴 만한 가치는 충분히 있다!

왜 목표를 적어야 할까?

첫째, 매일 당신이 하는 50,000~60,000가지의 생각들 중 가장 중요한 것이라는 사실을 마음속 깊이 명심하게 된다.

둘째, 스스로 목표에 가까이 다가가게 도와주는 활동들에 집중하고 초점을 맞추기 시작한다. 작성한 목표들이 원하는 방향으로 집중되어 있는 동안 당신은 보다 나은 결정을 내리게 된다.

셋째, 매일 글로 작성한 당신의 목표를 볼 수 있다. 스스로를 독려하게 되고, "지금 이 순간 내가 하고 있는 일이 목표에 가까이 다가가게 만들고 있는가? 나는 지금 무언가 다른 일을 해야만 하는가?"와 같은 질문을 자신에게 던짐으로써 우선순위를 정하도록 도와준다.

목표 설정 과정을 시작하기 전에 명확한 목표 의식을 가지고 있어야 한다. 하나의 긍정문처럼 정확하게 각각의 목표를 표현하라. 그다음 목표들을 작고 현실적이며 성취 가능한 행동 단계들로 나누고, 당신이 실천할 수 있는 단계들에 대한 목록을 작성한다.

당신에게 얼마만큼의 시간이 걸릴지 계산해 보라. 각각의 단계와 목표에 맞춰 마감 시간을 설정하라. 당신이 설정한 정확한 시간까지 목표를 달성하지 못했다고 너무 속상해하지 말라. 설정 시간은 목표에 대한 집중력을 높이고 절박감을 주기 위한 수단일 뿐이다.

마음속에 당신의 목표에 대한 정확한 '비전vision'을 만들라. 이미 당신이 목표를 달성한 것처럼 생각하라. 그에 대한 느낌이 어떠한가? 모습은 어떠한가? 어떻게 들리는가? 냄새는 어떠한가?

또 하나의 중요 포인트가 있다. 목표를 추구하며 나아갈 때는 결과가 아니라 당신의 노력에 스스로 상을 주라. 하루에 10분을 더 확보했다면 당신은 개선되고 있는 것이다. 하루 10분이 4주면 4시간 반이 넘는 시간이다. 현재 당신이 가진 여유보다 훨씬 많은 시간이다. 그렇지 않은가?

유 용 한 작 은 팁

- 시간 관리 목표를 기록한 작은 카드를 지갑에 넣어 두고 하루에 4~5차례 읽어 보라. 확인하는 횟수는 많을수록 좋다.
- 과업 목록을 작성하라. 과업을 수행하기 위해 소요되는 시간뿐 아니라, 당신이 수행해야 할 행동 단계를 기록하고 각각의 마감 시간을 정하라.
- 당신의 일간, 주간, 월간 목표를 점검할 것을 추천한다. 그러면 생산성이 엄청나게 향상될 것이다!

계획과 시간표를 마련하라

당신은 "계획에 30분을 투자하면 모든 일을 두 배 빠르게 처리할 수 있다!"나, "스스로 나아가는 목적지를 모른다면 결국 어디서든 멈출 수밖에 없다" 같은 말을 들어 보았으리라 생각한다. 대단치 않은 말처럼 들리지만, 우리 모두는 무언가 진실을 담고 있다는 사실을 잘 안다.

당신은 위의 말에 따라 하루를 계획하고 있는가? 아니면 일정하지 않게 문제가 발생하면 해결하고, 화재가 발생하면 불을 끄면서 매일 같은 일상을 반복하고 있는가? 계획하는 습관만으로도 당신의 인생을 완전히 바꾸어 놓을 수 있다. 하루를, 일주일을, 한 달을 미리 계획하는 것은 당신이 적절하게 우선순위를 정하고 중요한 일을 처리하게 도와준다.

나는 무언가를 계획하는 것에 있어서는 정말로 열광적인 팬이 되었다. 나는 일요일 오후가 되면 다가올 한 주를 규칙적으로 계획한다. 내일을 오늘 계획하는 것은 많은 시간적인 여유와 마음의 평화를 가져다주었다.

당신의 과업 목록을 작성해 보는 건 어떤가? 해야 할 모든 일의 목록을 작성하고 각 항목에 매우 작은 단위의 시간까지 할당해 보라. 이 목록은 항상 가까이 보이는 곳에 두라. 당신이 하루 동안 집중할 수 있게 도와줄 것이다.

특정한 시간 단위로 일을 하는 것도 좋은 아이디어다. 일반적으로 90분간 일을 하고 30분간 휴식을 가진다거나, 한창 일이 몰려드는 상황이라면 3시간 일하고 2시간 휴식을 취할 수도 있다.

내일 당신이 완수하고 싶은 일 5가지가 무엇인지 자신에게 물어보라. 당신의 목표 완수에 가까이 접근하게 도와주는 일과 행동을 선택하라. 각각의 행동을 완수하기 위해 필요한 시간을 지정하라.

당신의 일정표에 자유 시간, 즐겁게 보낼 시간, 여행할 시간을 넣는 것도 잊어서는 안 된다. 만일의 위급한 상황을 대비한 여유 시간을 약간 남겨 두어야 한다.

일간, 주간 계획을 세울 때 발생할 수 있는 문제

- 계획을 짤 시간이 없다. (주간 계획을 세우기 위한 일요일 오후의 30분은 기적을 일으킬 수 있다.)
- 당신이 지나치게 시간에 낙관적이라면 업무 수행에 얼마나 시간이 걸리는지를 산정하기 어려울 것이다. 항상 계획한 시간보다 오랜 시간을 필요로 하게 되고, 결국 당신을 따라다니는 많은 스트레스로 작용한다.
- 예상치 못한 위급 상황과 업무를 위한 시간을 확보해 두지 않는다면 당신의 일과는 매일 엉망이 될 것이다.

매일 실행할 일정표를 만들라

하루를 계획하라. 예기치 못한 일에 대비한 '완충 시간'을 계획하라. 낮잠 시간, 자유 시간, 즐겁게 보낼 시간 등을 구역을 정해 계획하라. 기억하라. 결과만을 위해 바쁘게 일정을 잡아서는 안 된다.

연 간 계 획

당신의 연간 목표를 분기별로 나누라. 연간 목표를 향해 착실하게 진행해 나가기 위해 3월 말까지 당신이 완수해야 할 일은 무엇인가?

월 간 목 표

현재 해당되는 주간 계획을 매일 살펴보라. 월간 목표와 분기별 목표를 달성하기 위해 이번 주에 당신이 완수해야 할 일은 무엇인가?

일 정 표 에 예 정 된 활 동 들 을 기 록 하 라

매일 저녁 일정표를 살펴보면서 당신의 목표가 무엇이며 다음 날 할 일이 무엇인지 확인하라. 다음 날 당신은 해야 할 일들을 확인하기 위해 귀중한 시간을 낭비할 필요 없이 곧바로 업무에 임할 수 있다.

점 수 를 기 록 하 라

이따금 자신을 점검하라. 당신은 지금까지 어떤 일을 완료했는가? 당신은 지금 목표를 향해 가까이 다가가기 위해 스스로 해야 할 일을 제대로 하고 있는가? 아니면 주의가 산만해져서 다른 일에 집중하고 있는가?

당신의 행적을 기록으로 남기면 생산성에 대한 개략적인 내용을 알게 된다. 아울러 당신이 업무 처리에 설정한 시간이 현실적인지, 아니면 시간 배분에 지나치게 낙관적인지를 스스로 확인할 수 있다.

한 시간 안에 업무를 완수할 수 있다고 생각하지만 항상 두 시간이 걸리는 친구가 하나 있다. 그가 매 업무마다 한 시간씩 손해를 본다고 하면 하루에 거의 세 시간 이상을 손해 보는 것이다. 뿐만 아니라 그를 낙담시키는 무거운 감정적 부담도 존재하게 된다. 부담스러움은 업무를 완수하지 못했다는 지속적인 감정이 되어 자연스럽게 자신의 자긍심을 공격하게 된다.

나의 성공적인 생산성을 만든 한 가지 비결은 다양한 업무 처리를 위해 자신에게 많은 시간을 준다는 점이다. 한 시간 안에 어떤 일을 처리할 수 있다고 생각되면 나는 자신에게 두 시간의 여유를 준다. 앞에서 예로 들었던 좌절감을 느끼는 친구와 달리, 나는 지금까지 충분한 시간 여유를 가지고 예정보다 일찍 업무를 마무리하여 보상과 행복이 따르는 성공을 맛봐 왔다. 사람들은 내가 스트레스 받는 모습을 좀처럼 보기 힘들 것이다.

우선순위를 정하라

　실제로 우선순위를 정하기란 매우 쉽다. 단지 중요한 일과 중요하지 않은 일을 분리하기만 하면 된다. 스페인 최고의 트레이너이자 강연자인 빅토르 쿠페르스의 말처럼 "가장 중요한 것은 가장 중요한 것이 가장 중요하다는 것이다".

　불행히도 우선적으로 처리해야 할 위급한 일들은 여러 번 나타나곤 한다. "내일 해야 할 가장 중요한 일은 무엇인가?"라고 자신에게 물어보는 것은 스스로 집중할 수 있게 도와준다. 다음 날 아침에 바로 실행으로 옮기는 유리한 출발점을 제공하기도 한다.

우리는 위급하거나 중요한 일과 그렇지 않은 일을 어떻게 구별할 수 있을까? 우선순위를 정하는 유용한 두 가지 방법이 있다.

첫 번째는 스티븐 코비의 '시간 관리 매트릭스'로, 아이젠하워의 '위급함과 중요함의 원칙'으로도 알려져 있다. 두 번째는 '파레토Pareto 법칙'으로, '80:20 원칙'이라고도 한다.

☑️ 시간 관리 매트릭스

스티븐 코비는 사분면四分面을 활용한 우선순위 결정 개념을 도입했다. 사분면을 활용하여 위급함과 중요도에 따라 업무의 우선순위를 결정하는 것이다. 어느 사분면에 업무를 배치하느냐에 따라 당신은 당장 해야 할 일과 미뤄도 되는 일을 결정할 수 있다.

우선 중요한 업무와 위급한 업무를 구분 지어야 한다. '중요한 업무'란 당신의 목표 달성에 직접적으로 공헌하는 업무이며, '위급한 업무'란 당신의 즉각적인 관심을 요하는 업무

	위급함	위급하지 않음
중요함	**1사분면** 위급하고 중요함	**2사분면** 위급하지는 않지만 중요함
중요하지 않음	**3사분면** 위급하지만 중요하지는 않음	**4사분면** 위급하지도 않고 중요하지도 않음

를 말한다. 위급한 문제들은 종종 타인들의 목표와 결부되어 있든 아니든 즉각적인 결과를 야기할 것이다. 각 사분면에 대한 간략한 설명은 다음과 같다.

1 사 분 면 : 위 급 하 고 중 요 함

예측 가능한 업무만 해당된다. 그렇지 않은 경우는 해당 사분면에 들어갈 수 없다. 오직 위급한 일, 극도로 중요한 마감, 절박한 문제, 마지막 순간까지 준비를 요하는 업무 들처럼 당신의 즉각적인 관심을 요하는 활동들이 포함된다. (더 나은 계획이 도움을 주었을까?) 예를 들면 중대한 위기, 고객 서비스, 새로운 사업, 연기된 활동, 건강 문제, 부채 상환 등이다.

2 사 분 면 : 위 급 하 지 는 않 지 만 중 요 함

고도의 긴급함을 요하지는 않지만, 향후 중요한 역할을 하
게 될 업무를 의미한다. 당신의 전략 계획, 교육, 건강, 여가
활동, 운동, 직업과 관련된 활동들이 해당된다. 지금 당장은
위급하지 않으나 장기적으로는 당신의 시간 대부분을 할애
하고 싶은 업무들이다.

2사분면에 해당하는 업무에 시간을 많이 투자할수록 당신
은 스트레스가 발생하는 1사분면의 업무들에는 보다 적은 시
간을 할애하게 된다. 2사분면에 대한 계획을 잘 세우면 '미래
적인 업무'가 1사분면에서 보다 적게 발견될 것이다. 예를 들
면 준비, 예방, 계획, 관계 구축, 자기 계발, 가족과의 휴일, 중
요한 사회 활동 등이다.

3 사 분 면 : 위 급 하 지 만 중 요 하 지 는 않 음

중요하지는 않지만 매우 위급한 업무가 해당된다. 3사분면
에 해당되는 활동들은 종종 긴급함을 가진 혼란을 의미하기
도 한다. 어떠한 가치도 제공하지 않으며, 오히려 다른 무엇
보다 심각한 장애가 되기도 한다. 이러한 업무들은 최소화거
나, 제거하거나, 위임하거나, 일정을 재조정해야 한다. 만일
타인에 의해 유발되었다면 가능한 정중히 거절하도록 한다.

3사분면의 업무를 1사분면과 혼돈하기 때문에 자주 스트레스가 발생한다. 자신이 1사분면에 있다고 생각하지만 사실은 3사분면에서 시간을 사용하다 스트레스를 받는 사람들을 많이 봤다. 일단 두 가지의 차이를 인식하고 나자 그들의 삶은 엄청나게 개선되었다. 예를 들면 중단되는 업무, 비생산적인 회의, 불필요한 전화나 보고서나 이메일 확인, 다시 하는 업무, 사람들과 함께 낭비한 시간 등이다.

4사분면 : 위급하지도 않고 중요하지도 않음

자기 시간의 대부분을 4사분면에서 소비한다면 당신은 해고되기 직전까지 가거나, 아직은 그 상황까지 가지 않아 매우 다행스러운 경우이다. 4사분면은 절대적으로 시간 낭비만을 주도하고 전혀 가치에 공헌하지 않는 업무와 활동들로 가득 차 있다. 그러한 업무들은 확실히 정신을 산만하게 만든다. 4사분면에 있는 업무들은 모두 과감히 삭제하거나 확실하게 피하도록 한다. 예를 들면 아무런 목적 없는 웹 서핑, TV나 유튜브의 비디오를 시청하는 행위, 페이스북 돌아다니기, 인터넷 게임하기, 채팅하고 메시지 보내기, 쇼핑하러 가기 등이다.

개인적이든 직업적이든 당신의 업무와 활동의 대부분은 어디에서 발견되는가? 내 추측으로는 아마도 1사분면이나 3사분면이 될 것이다. 비록 당신의 생산성을 위해 가장 중요하다고 여겨질지라도 대개 2사분면은 무시되는 경향을 보인다. 2사분면에서 시간을 많이 보낼수록 1사분면과 3사분면에서 보다 적은 시간을 보낼 수 있다. 2사분면에서의 시간 소비를 최대화할 필요가 있으며, 그러면 당신의 생산성은 엄청나게 향상될 것이다. 당신의 활동을 잘 계획할수록 1사분면에서의 활동들이 장기적으로 진행되는 경우가 줄어든다.

시간 관리 매트릭스는 특정한 업무와 활동으로 스스로 목표에 가까이 접근할 수 있는지를 확인시켜 준다. 일단 그렇게만 된다면 시간을 소비하면서도 결과에 전혀 기여하지 못하는 업무와 활동에 대해 어떻게 우선순위를 정해야 하는지 정확하게 인지할 것이다.

☑ 파레토 법칙

20세기 초의 파레토 법칙은 이탈리아 사람들 중 20%가 국토의 80%를 소유하고 있다는 사실의 발견을 기반으로 한다. 1%의 인구가 99%의 부를 소유하고 있는 현실 세계에서는 매우 시대에 뒤떨어진 법칙처럼 보일지도 모르지만, 재미 삼아 파레토 법칙을 가지고 한번 놀아 보자. (자성적 예언self-fulfilling prophecy의 힘을 절대 과소평가하지 말라. 이 법칙의 타당성을 믿는 수백만 명의 사람들이 오늘날까지도 이어지고 있다.)

파레토는 연구를 거듭하여 20%의 토마토 나무가 80%의 토마토를 생산하던 자신의 과수원에서 다시 한 번 80:20 비율을 확인했다. 나는 집 안의 20% 범위 내에서(보통은 거실과 주방) 내 시간의 80%를 사용한다는 사실을 인정해야 했다.

직업상의 업무에 적용해 본다면 다음과 같다. 당신의 일과 개인 생활에서도 확인해 볼 수 있다.

- 결과의 80%는 자기 행동의 20%에서 나온다.
- 수익의 80%는 고객의 20%에서 나온다.
- 불평의 80%는 고객의 20%에서 나온다.
- 매출의 80%는 생산품(제품)의 20%에서 나온다.

어떤 고객들이 당신에게 매출의 80%를 가져다주고 있는가? 당신의 시간 대부분을 그들에게 투자하는 것이 더 생산적이지 않을까? 불평의 80%를 차지하는 20%의 고객은 어떠한가? 그들을 담당하지 않는다면 불평을 처리하지 않게 되어 확실히 많은 시간을 절약할 것이다. 물론 그들이 당신에게 80%의 수익을 가져다주는 20%에 포함되어 있지 않아야 한다. 당신의 스트레스 중 80%를 차지하는 20%의 고객에 대해서도 똑같이 적용해 볼 수 있다. 그들이 당신에게 80%의 수익을 유발하는 고객에 포함되어 있지 않다면 과감히 잘라 버려라!

최소한의 시간만을 투자하여 대부분의 돈을 벌어들일 프로젝트에 집중한다면 당신의 사업과 이용 가능한 여유 시간은 기하급수적으로 증가할 것이다. 지금 자리에 앉아 파레토 법칙을 활용하여 어떤 프로젝트를 자제하고, 어떤 프로젝트를 활성화시켜야 하는지 확인해 보라. 80:20 원칙을 당신의 일과 개인 생활을 포함한 모든 영역에 적용해 보라.

다음의 질문에 스스로 답해 보라.

- 당신이 더 많은 시간을 투자해야 하는 곳은 어디인가?
- 당신이 더 적은 시간을 투자해야 하는 곳은 어디인가?
- 당신이 비교적 적은 시간을 투자하여 더 좋은 결과를 얻고 있는 곳은 어디인가?
- 당신이 많은 시간을 투자하는데도 매우 적은 결과만을 얻고 있는 곳은 어디인가?

집중하라

생산성 향상을 위해 가장 중요한 습관 중 하나가 바로 '집중'하는 능력이다. 당신은 다중적으로 여러 가지 업무를 하는 날보다 집중해서 하나의 업무를 처리할 때 더 많은 일을 하게 된다. 도대체 어떤 사람이 다중 작업이 생산성을 높이는 데 도움이 된다는 이론을 생각해 냈는지 모르지만, 나는 터무니없는 거짓말이라는 사실을 잘 알고 있다.

자신에게 호의를 베풀어 다중 작업을 당장 그만두라! 당신은 시간을 절약하고 있는 것이 아니며, 실제로는 하나의 작업에서 다른 작업으로 이동하는 과정에서 시간을 낭비하고 있다. 한 번에 하나씩 따로따로 처리하는 편이 더욱 효과적이다!

최근의 연구들은 다중 작업이 실제로는 덜 생산적이고, 집중된 노력으로 한 번에 하나씩 하는 작업보다 나은 점이 없다는 사실을 보여 준다. 심지어 어떤 연구들은 다중 작업이 업무를 느리게 만들 뿐 아니라, 오히려 당신을 바보로 만들고 있다고 주장한다.

어떠한 경우든 당신 스스로는 다중 작업을 하고 있다고 생각하더라도 한 번에 하나씩 하고 있을지도 모른다. 당신 손에 해야 할 일 5가지가 놓여 있다면 동시에 5가지를 모두 처리할 수는 없다고 확신한다. 당신은 작성하던 이메일을 멈추고 전화를 받는다. 그러고는 전화를 끊고 이메일 작성을 계속한다. 직장 동료가 당신에게 다가와서 무언가를 물어보면 당신은 다시 이메일 작성을 멈추고 답변을 해야 한다. 그러니 다중 작업에 대해서는 잊어버리라! 오직 한 가지 일에만 집중해서 처리하도록 하라!

☑ 일괄 작업

일괄 작업은 집중도와 생산성을 모두 높이는 훌륭한 방법이다. 당신이 오로지 한 가지 작업을 위해 한 시간이나 두 시간 정도 집중하는 것을 의미한다. 이메일, 알림 소음, 인터넷 서핑 등 집중을 방해하거나 주의를 산만하게 하는 어떠한 행위도 허용하지 않는 시간 동안 일괄 작업을 시도해 보라.

당신은 한 시간 동안 같은 일을 하고 있을 때 속도가 더 빨라진다는 사실을 느껴 본 적이 있는가? 한 시간 동안 오로지 이메일만 작성하거나 전화 통화만 하는 등 일괄적으로 일을 처리하는 것은 믿을 수 없을 정도로 생산적이며, 보다 빨리 업무를 처리하도록 도와준다. 그렇게 함으로써 당신이 해당 업무의 흐름 속으로 들어가면, 여러 가지 업무를 전환하거나 방해받는 경우처럼 재집중을 위한 시간을 낭비하지 않기 때문이다.

당신의 업무를 분석하여 어떤 업무들을 서로 묶을 수 있는지 확인하라. 나는 일반적으로 다음과 같은 업무들을 서로 묶어서 처리한다. 계획하기, 이메일에 답하기, 독서, 글쓰기, 전화하기, 회의, 집안일, 쇼핑 등이다.

정리하라

정리하며 보내는 매 5분마다 한 시간을 절약할 수 있다. 당신은 너무나 바빠서 그 정도 시간마저도 정리하기에 사용할 수 없다. 그렇지 않은가? 당신은 포스트잇과 서류 뭉치들을 테이블 전체에 산더미처럼 쌓아 두고 있지 않은가? 만약 정리할 만한 약간의 시간적 여유가 주어진다면 당신은 직접 할 용의가 있지만 말이다.

정곡을 찔러서 유감스럽지만, 당신은 사실 정리조차 할 수 없을 정도로 바쁜 것은 아니다. 단지 너무나 바쁜 나머지 당신 스스로가 제대로 정리되지 못했기 때문이다. 불행히도 '바쁘다'는 표현은 '어떤 결과를 얻는다'는 의미가 아니다! 사무실에서 가장 난잡한 책상을 가진 사람이 제일 열심히 일하는 사람인 경우는 좀처럼 드물다.

연구들에 따르면, 오늘날 기업 실무자들의 30~50% 정도는 필요한 서류를 찾기 위해 책상 위의 서류를 마구 뒤적이며 시간을 허비하고 있다고 한다. 좀 무섭기까지 하다. 이 결과에 아주 감동받은 나의 직원들은 계속해서 책을 읽고 사소한 조언들을 직접 시도해 보았다. 그들이 당신의 인생을 바꿀 수 있다고 믿고 있기 때문이다. 나도 거기에 부응하여 계속해서 동참해 오고 있으며, 다음과 같은 조언들을 활용하여 상황을 호전시킬 수 있었다.

- 업무 시간의 첫 15분은 무슨 일을 할지 우선순위를 정하는 데 사용한다.
- 일주일에 한 시간은 서류를 정리하고 철하는 데 사용한다. 당신이 이것을 5분 안에 할 수 있다면 지금 당장 해버려라! 더 많은 시간이 필요하다면 당신의 '해야 할 목록'이나 '업무 목록'에 추가하라.

- 하루에 15분은 서류를 정리하고 책상을 청소하는 데 사용하라. 실제로 자신에게 필요 없는 것은 모두 버리는 편이 낫다.

- 업무 시간의 마지막 15분은 내일 업무를 살펴보는 데 사용하라. 어떤 일이 중요한가? 어떤 일이 위급한가?

- 받은 편지함을 정리하고, 더 이상 필요 없는 오래된 이메일들은 삭제한다. 확실하지 않은 이메일은 인쇄하여 따로 철해 둠으로써 마음의 부담을 덜도록 한다.

- 예전에 한 IT 기술자가 내게 알려 준 말이 있다. 오래된 이메일들을 삭제하면 당신의 마음을 가볍게 해줄 뿐 아니라, 회사와 당신의 비용도 절약해 준다. 받은 편지함에 들어 있는 수백, 수천 개의 이메일들이 에너지를 소비하게 만들어 결국 많은 전기 요금으로 전환되기 때문이다.

- 당신이 통제할 수 있을 때까지 새로운 업무를 수락하지 말라.

- 나중에 당신을 따라다니며 괴롭히고 많은 시간을 허비하게 만들지 않도록 맨 처음 일을 올바로 처리하라.

파일을 정리하고 철하기

당신의 서류 업무들을 모두 모아 다음과 같이 처리해 보라.

- 처리에 5분 미만의 시간이 걸린다면 지금 당장 처리해 버려라!
- 더 많은 시간이 필요하다면 '업무 목록'에 기록해 두라.
- 일단 정리하고 철하는 작업이 끝나면 잘 보관해 두라.
- 타인을 위한 파일이라면 다시 되돌려 보내라.
- 나중을 위해서라면 보관하든 그냥 버리든 하나를 선택하라. (당신은 나중을 위해 저장해 둔 파일을 얼마나 많이 가지고 있는가? 실제로 당신에게 필요한 것은 그중 얼마인가?)
- 위의 조건에 해당되지 않는다면 그냥 버려 버려라.

받은 편지함 정리하기

- 응답에 5분 미만의 시간이 필요하다면 지금 당장 하라.
- 삭제해도 되는 파일이라면 지금 당장 삭제해 버려라.
- 처리에 보다 많은 시간이 필요하다면 업무 목록에 추가해 두라.
- 지금 당장 폴더를 몇 개 만들어 작업이 끝난 업무 관련 이메일들을 옮겨 놓아라.
- '해야 할 목록'으로 받은 편지함을 활용하라. 해결된 업무는 저장소로 옮기고, 남은 업무만 받은 편지함에 남겨 두라.

- 나중에 참조할 필요가 없다면 과감하게 삭제해 버려라.
- 필요 없는 뉴스레터의 구독을 취소하라. 비록 어렵더라도 당신의 생산성 향상을 위해 필요하다면 내가 보내는 뉴스레터도 과감히 구독을 취소하라.

받은 편지함이 비워질 때까지 위의 단계를 따라 해보라. 많은 양의 이메일을 가지고 있다면 지난달에 받은 이메일만 작업을 하고, 나머지는 '오래된 이메일'이라는 폴더를 만들어서 보관하라.

당신의 업무 영역

- 당신의 손이 닿는 범위 안에 필요한 모든 것을 준비해 두라.
- 폴더들을 가까이에 순서대로 정리해서 보관하라.
- 당신의 작업대는 항상 비어 있는 상태로 깨끗하게 유지하라.
- 당신이 사용해야 할 물건들은 가까이 두고 좋은 상태를 유지하라.
- 자주 사용하지 않는 물건들은 서랍 속에 보관하라.
- 작업 정리함을 활용하라(기결, 보류, 미결).

- 당신의 머릿속도 정리해야 한다. 당신의 생각과 아이디어는 글로 적어 두라.
- 매주 충분한 시간을 가지고 당신의 작업장을 정리하라.

기억하라. 매일 당신이 물건을 찾기 위해 하루 5분씩 소요한다면 1년이면 30시간이나 된다! 시간 관리를 따르느냐, 따르지 않느냐는 커다란 차이를 만들어 낸다.

정리 정돈

당신이 시간을 활용하지 않는다면 아마도 정리되지 않은 상태로 유지될 것이다. 어수선함은 멀리 떠나보내야 한다. 그것 모두가 에너지와 연관되어 있다. 당신의 일에 해당되는 것은 가정과도 관련되어 있다. 집에 더 이상 사용하지 않는 많은 물건을 가지고 있다면, 그로 인해 당신의 에너지는 빠져나가게 된다. 에너지가 적을수록 당신은 덜 생산적이게 된다. 당신의 서랍장에서부터 시작하라.

- 1년 동안 입지 않은 옷이라면 아마도 당신은 더 이상 입

지 않을 것이다.

- '언젠가는 유용할 거야', '내게 좋은 추억을 떠올리게 해 줘'라고 생각되는 물건이라도 그냥 던져 버려라.
- 일본의 정리 컨설팅 전문가인 곤도 마리에는 한 발 더 나아가 "기쁨을 주지 못하는 물건은 던져 버리세요"라고 말한다. 그녀의 책《인생이 빛나는 정리의 마법》을 적극 추천한다. 그 책은 내 인생도 바꿔 주었다.

나는 물건을 정리하면 보통은 공짜로 사람들에게 나눠 준다. 기분도 좋아지지만, 삶이든 신이든 우주든 언젠가는 내게 보답해 주리라 믿기 때문이다.

서랍장을 정리하는 작업이 끝났으면 모든 침실로 이동한다. 그다음 거실로 이동하고 차고를 청소하여 결국 집 전체와 사무실 정리를 끝마친다. 옷, 잡지, 책, CD, 심지어 가구 등 당신이 더 이상 사용하지 않는 모든 것들을 처분하라.

고객 중 한 명은 자신의 아파트를 일주일 안에 전부 정리해 버렸다. 그는 너무나도 기분 좋고 가벼워진 느낌으로 자신의 전체적인 단기 목표의 달성에 도움을 주는 '에너지 활성 효과'까지 얻었다. 그는 절대 후회하지도 않았다. 당신은 언제 정리를 시작할 것인가?

당신이 물건을 찾을 필요가 없게 되었을 때 확보할 수 있는 30시간을 기억하라. 잘 정돈된 집에서 지내면 당신은 매년 30시간을 추가로 확보하게 된다. 벌써 60시간을 벌은 셈이다! 직접 계산해 보라.

세상에 이럴 수가! 겨우 책의 시작 부분에 불과한데, 벌써 당신을 위해 1년에 100시간 가까운 시간을 확보했다. 계속해서 읽어 주기 바란다.

책에 있는 다른 모든 내용들도 마찬가지지만, "나에게는 통하지 않아"라는 말은 그저 하나의 변명 따위에 불과하다. 적어도 2주 동안 노력해 보라. 만일 여전히 당신에게 통하지 않는다면 내게 이메일을 보내 불평을 늘어놓아도 좋다.

산만한 주의와 방해에서 벗어나라

당신은 직장에서 어떻게 집중하는가? 주의를 흩뜨리거나 방해를 받는 일 없이 당신의 업무에 집중하는 데 얼마나 오랜 시간이 걸리는가? 대부분 사람들은 그리 오래 걸리지 않는다.

추측해 보건대 당신은 매 4분에서 5분마다 집중하지 못하고 산만해짐을 경험할 것이다. 방금 새로운 이메일을 받았다는 사실을 알려 주는 알림 소리, 누군가 당신의 페이스북 게시 글에 댓글을 달았다고 통보해 주는 진동 소리, 어머니의 전화, 카카오톡 같은 메신저나 문자, 기타 등등…….

매일 당신의 생산성을 향한 경로를 중단시키는 방해에는 '내부적 방해'와 '외부적 방해'라는 두 가지 종류가 있다. 주의를 산만하게 만드는 행위와 모든 방해를 금지시키는 것은 매우 중요하다. 단지 집중하지 못하고 방해받는 동안 당신이 잃어버리는 시간만이 문제가 아니다. 당신은 집중력도 잃게 된다. 지금까지 밝혀진 많은 연구들에 따르면, 집중력을 다시 회복하려면 적어도 7~15분이라는 시간이 더 소요되기 때문이다. 더구나 어떤 사람들은 다시 집중하려면 25분이 걸린다고 말하기도 한다.

당신은 매일 몇 차례의 주의 산만이나 방해를 경험하고 있는가? 10회 정도인가? 일반적으로 당신이 잃어버리는 시간은 최소 70분에서 최악의 경우 4시간이나 된다. 일반인들이 일주일 동안 수행한 것보다 더 많은 일을 훈련받은 생산적인 사람들이 단 하루 만에 해내는 이유이다.

산만해지는 주의를 통제하고 싶다면 당신은 자기 수양을 개발하여 갈고 닦아야 한다. 어떤 사람이나 사물이 당신의 주의를 방해하지 못하게 만드는 능력을 개발하고 훈련할 필요가 있다. 나를 한번 믿어 보라. 충분히 그럴 만한 가치가 있다. 외부적인 방해를 다루는 것은 '공놀이'와 같다. 아무 두려움

없이 "아니요"라고 말할 능력과 기꺼이 그렇게 하고자 하는 마음에 따라 상당히 좌우된다.

☑ "아니요"라고 말하는 작은 과정들

미리 부탁을 거절하는 방법에 대해 생각해 두고 연습하라! 항상 다정하고 친절하게 사람들을 대해야 하지만, 누군가에게 지금 당장 도와줄 수 없다고 말할 때만큼은 단호해야 한다. 즉각적인 누군가의 요청을 거절하는 이유를 설명하든 안 하든, 단호함은 전적으로 당신에게 달려 있다.

개인적인 견해로는 어떤 것도 당신이 설명할 필요가 없다. 우스운 이야기지만, 어느 순간 더 이상 설명할 필요가 없다고 스스로 느낄 때까지 나는 늘 설명을 해주는 사람이었다. "죄송하지만 저는 지금 당신을 도울 수 없습니다. 금요일 오후에는 한 시간 정도 도와드릴 수 있겠군요"처럼 다른 선택 사항이나 대안을 제공해도 된다. 가능하다면 서로 협의해서 수용 가능한 타협안을 찾도록 한다.

만일 모든 일에 "예"라고 답한다면 당신은 사무실에서 가장 바쁜 사람이 될 것이다. 당신의 동료가 퇴근하고 없는 동안에도 여유 시간을 할애해 가며 일을 해야 하고, 어쩌면 금요일 밤이나 주말에도 호출될지 모른다.

어떻게 감히 금요일 밤이나 주말에 당신에게 전화를 하는가! 유감스럽게도 '그들'의 잘못이 아니다. 전화를 받은 사람은 바로 '당신'이다. 따라서 그들에게 "당신이 원한다면 언제든 제게 전화 주셔도 좋습니다"라고 간접적으로 신호하는 것과 같다. 한계를 정해야 하는 사람은 당신 자신이어야 한다.

☑ 외부적 방해를 처리하는 방법

직 장 동 료 나 상 관 에 의 한 방 해

당신에게 온 모든 부탁을 위급한 것으로 간주하지 말라. 행동하기에 적절한 시간이 언제인지 여유를 가지고 생각해 보라. 정당한 방해라면 해당 업무를 당신의 업무 목록에 추가해서 계획해야 한다. 하지만 타인의 우선순위가 당신의 우선순위가 되게 해서는 안 된다. 만약 당신의 상관에게서 온 부탁이라면 어떻게 해야 할까? 해당 부탁에 우선순위를 두면 당신의 다른 계획들과 업무에 어떠한 영향을 미치는지 상관에게 설명하고, 필요하다면 재협상한다.

2주 동안 '방해 일지'를 만들어 누가 당신을 방해하는지 기록해 보라.

전화에 의한 방해

나도 잘 알고 있다. 당신은 무조건 모든 전화를 받아야만 하고, 받지 않으면 고객이나 후원자를 잃을 수도 있다. 나도 매번 그런 일이 일어날 때마다 같은 소리를 들어야 했다. 하지만 나의 방식을 직접 실행으로 옮긴 이후부터는 고객을 놓친 것에 대한 어떠한 불평도 듣지 못했다. 오히려 한 고객의 매출은 더욱 늘어났고, 더 많은 고객을 유치하기까지 했다!

걸려 오는 전화를 모두 받지 않아도 괜찮다. 최소 하루에 한 시간 정도는 걸려 오는 전화를 음성 녹음으로 전환해도 상관없다. 그들은 당신에게 메시지를 남기거나, 나중에 다시 전화를 걸 것이다. 아무런 방해가 없는 그 시간이 당신에게는 매일매일 가장 생산적인 시간이 될 것이다. 결국 당신은 많은 시간을 획득한 셈이 된다.

전화를 건 사람에게 '당신이 지금 회의 중이니 메시지를 남겨 달라'고 친절하게 말해 줄 동료에게 전화를 돌려놓을 수도 있다. 놓친 전화에 회신할 구체적인 시간을 정하고 일괄 처리하여 추가적인 시간을 획득하도록 한다.

☑ 주의 산만함에서 벗어나기

"성공한 사람과 실패한 사람의 주요한 차이점은 마음이 산만해지지 않는 능력에 있다."

너무나 바빠서 많은 시간 동안 초과 근무를 해야 하기 때문에 어디에서 어떻게 여분의 시간을 획득해야 할지 전혀 모르겠다고 말하는 수많은 사람들을 알고 있다. 일단 그들의 일과를 조금 더 가까이 접근해서 살펴보았다. 그들은 매 20분마다 이메일을 확인하고, 페이스북이나 트위터에 게시된 글을 다른 사람이 읽었다는 알림을 받고, 새로운 이메일이 도착할 때마다 확인한다는 사실을 알게 되었다. 이외에도 그들은 인터넷을 서핑하고, 유튜브 동영상을 시청하고, 페이스북에서 고양이 사진을 감상하고 있었다.

해 결 방 법

- 당신의 인터넷 브라우저를 종료하라.
- 전화를 다른 곳으로 돌리거나 수화기를 내려놓아라.
- 휴대폰을 완전히 *끄거나*, 적어도 알림 소리는 꺼라. (나는 생산적으로 일을 하고 방해나 주의 산만함을 없애기 위해 휴대폰을 비행 모드로 전환한다.)

- 이메일을 닫아라. 정기적으로 이메일을 확인하지 말라. (약 30분 동안 하루에 3번 정도 확인하는 것으로도 충분하다.)
- SNS에서 로그아웃하라.
- 페이스북, 트위터 등에 접속하는 시간을 정해서 지켜라.
- 사무실 문을 닫아라.

이와 같이 하면 문자나 전화로 인해 주의를 흩뜨리지 않고 한 시간이나 두 시간을 보낼 수 있다. 한번 시도해 보라. 일단 시작하고 나면 당신도 좋아하게 되고, 예전보다 더 많은 일을 하고 있는 당신을 발견하게 될 것이다. 단지 하루에 한두 시간만으로도 당신의 생산성 향상을 위한 기적을 만들어 낸다.

재택근무자라면 주의를 산만하게 만드는 사람이 당신은 아닌지 잘 생각해 보라. 당신과 함께 커피를 마시거나 쇼핑몰에 가고 싶어 하는 사람은 아마도 도움이 되지 않을 것이다. 산만해지고 해야 할 일을 하지 못해서 잃어버린 시간을 아쉬워하고 있을 월말에는 특히 말이다.

다른 조언은 TV를 켜지 말라는 것이다. 당신도 잘 알고 있을 것이다. 일단 TV를 켜면 당신의 생산성은 멀리 사라져 버린다. 물론 당신은 TV를 동기 부여용으로 사용할 수도 있다. "오늘 계획한 일을 완수한다면 가장 좋아하는 TV 시리즈를 보는 것으로 내게 보상해 줄 거야."

자 신 에 게 보 상 하 기

일을 완수하고 나면 자신에게 보상을 하라! 실제로 당신의 집중력과 생산성을 향상시킬 수 있다. 보상을 계획하면 당신은 일을 빨리 처리하기 위한 동기 부여를 받는다.

만일 오전 7시에서 10시까지 책을 쓰기로 했다고 하자. 나는 보통 자신에게 페이스북 계정을 확인하거나, 좋아하는 TV 시리즈 중 1편을 볼 수 있는 2시간의 휴식을 제공한다. 단, 정확하게 오전 10시까지 글을 쓰고 무언가를 생산해 내야만 보상을 해준다.

내가 자신에게 해주는 보상 방식은 다음과 같다. 친구 만나기, 낮잠, 영화나 TV 시리즈 감상, 기분 좋은 거품 목욕, 해변 산책, 해변의 카페로 가서 커피 마시기, 독서, 게임기로 1시간 동안 게임하기(많은 훈련이 필요하다. 오직 1시간만 해야 한다. 그 이상은 절대로 안 된다), 명상하기 등이다.

당신을 산만하게 하는 것은 어디에나 존재한다. 그것 모두를 제거할 수는 없다. 오직 당신이 할 일은 정말로 잘 인지하는 것이다. 일단 당신이 알게 되면 다시 집중하기 위한 조치를 취할 수 있다. 아래에 당신의 생산성을 방해하고 산만하게 만드는 목록이 있다. 당신에게 해당되는 사항은 무엇인가?

- TV 시청
- 비디오 게임, 모바일 게임
- 사람들의 방해를 허용하기
- 도착한 이메일을 매번 확인하기
- 휴대폰만 쳐다보는 행위(전화, 문자, 앱)
- 창문 밖을 바라보기
- SNS
- 인터넷 서핑
- 사진 감상
- 쓸데없는 연구 조사
- 먹고 마시는 행동
- 걱정하기
- 과거의 일을 생각하거나 공상하기

미루지 말라

종일 일을 했는데도 하루가 끝날 때까지 마무리하지 못했거나 어떤 결과물을 만들지 못했다면, 중요한 일을 다음으로 미룰 절호의 기회가 당신에게 찾아온 것이다. 걱정하지 말라. 다른 모든 사람들도 가끔씩 자신의 일을 미룬다. 사람들 대부분에게서 흔히 일어나는 상황이다.

'미루기'는 주요한 '시간 도둑'이다. 보다 많은 일을 해내기 위한 우리의 목표는 미루는 행위를 최소화하는 것이다. 지금부터 자세히 읽어 보면 당신은 스스로 깨닫지 못한 상태에서도 일을 미루고 있다는 사실을 알게 될 것이다.

일단 당신이 미루는 행동을 하고 있다는 사실과 미루기 위해 사용하는 방식을 인지해야 한다. 그러면 스스로 자중하면서 하기 싫어하는 일을 외부에 위탁하거나, '내면의 파괴자'가 건네는 구차한 변명 따위에 굴복하지 않는 등의 대응책을 강구할 수 있다.

당신이 일을 미루고 있다는 사실을 아는 방법

- 당신은 해야 할 일을 피하고 있다.
- 당신은 어떠한 행동도 하지 않으면서 마법처럼 무언가가 더 나아지기를 바라며 해야 할 일을 미루고 있다. (일반적으로 상황은 저절로 나아지지 않으며, 이러한 버릇이 고쳐지기까지 오랜 시간이 소요된다.)
- 당신은 해야 할 일 대신 지금 당장 할 필요가 없는 일을 하고 있다. 지금 하고 있는 일이 어느 정도 중요하다면 크게 문제될 것은 없다. 하지만 해야 할 일보다 중요한 일을 하는 것도 '미루기'에 해당한다.

다양한 형태로 나타나는 미루기

- 주의가 산만해진 경우
- 업무 자체를 미루기
- 업무를 완수하기 위해 완벽해질 때까지 기다리기
- 마지막 순간까지 모든 것을 남겨 두기

당신은 미루는 사람인가, 완벽주의자인가, 아니면 쉽게 산만해지는 사람인가? 할 일을 미루는 가장 일반적인 이유는 일종의 두려움 때문이다. 실패에 대한 두려움, 타인의 판단에 대한 두려움, 소수의 경우이긴 하지만 성공에 대한 두려움 등이 해당된다. 게으르거나 동기 부족으로 미룬다 하더라도 원인이 되는 기본적인 두려움은 여전히 존재한다. 때로는 압도당하는 느낌도 할 일을 미루는 한 가지 이유가 된다.

변명도 일종의 미루는 형태이다. 다음과 같은 변명을 할 때마다 아주 조심해야 한다! 당신은 지금 해야 할 일을 미루고 있는지도 모르기 때문이다.

"오늘 너무 피곤해."

"지금 당장은 할 시간이 없어."

"휴식이 필요해."

"지금은 별로 하고 싶지 않아. 할 마음이 나중에 좀 생길 거야.”

“오늘 시작하기에는 너무 늦었어. 내일 아침에 일어나면 제일 먼저 할게.”

나는 위와 같은 변명을 하려고 할 때마다 급히 멈추고 정확히 그 순간에 어떤 일을 하고 있었는지 면밀히 살펴본다. 내가 지금 하고 있는 일이 무엇이며, 왜 나의 마음은 그 일에 집중하지 못하는가?

나는 유튜브의 무의미한 비디오를 시청하거나, 페이스북에서 고양이 사진을 찾아보거나, 방 청소를 하는 것(아주 무의미하지는 않지만 해야 할 일을 미루는 훌륭한 방법)과 같은 유혹에 넘어가는 대신, 자신에게 “내 마음이 나를 속여 나중으로 미루기를 원한다면 정말로 중요한 일임에 틀림없다. 그러니 나는 여기 그대로 앉아 지금 당장 이 일을 마무리할 것이다”라고 말한다. 어쨌든 업무를 진행하기 위한 연료와 자극제로 현 상황을 활용하는 것이다.

일을 하다 설거지나 집 청소를 해야겠다는 생각이 들면 나는 일을 미루려는 의도와 머지않아 업무를 끝낼 수 있다는 의도를 함께 생각한다. 유감스럽게도 20년쯤 전에는 그 정도로 현명하지 못했다. 시험공부를 하다 강한 충동을 느끼면 매번 살고 있던 아파트를 청소하곤 했다. 재미있는 사실은 항상 시험 기간 동안에만 충동이 나타났고, 나머지 기간에는 절대 나타난 적이 없었다는 것이다. 비록 시험은 망쳤지만, 일 년에 두 번은 아파트가 엄청나게 깔끔해졌다.

쉽게 산만해지는 사람들은 게임, TV, 인터넷, 쇼핑 등에 자주 빠진다. 모바일 게임에 빠져 있다면 먼저 당신이 해야 할 일을 살펴보라. 왜 지금 그 일을 하고 있지 않은지 분석하고 싶은 마음이 들 것이다. 다음은 해야 할 일을 미루는 몇 가지 변명과 대처 방법에 대한 설명이다.

"시간이 없어."

처음에 당신이 이 책을 구입한 이유이다. 그렇지 않은가? 이미 당신이 보다 많은 시간을 발견했기를 희망한다. 목록 작성을 시작했는가? '업무 목록'을 가지고 있다면 지금 바로 행동으로 옮겨라. 실천은 '미루기'를 해결하는 최고의 수단이다.

"해야 할 일이 너무 많아."

누구는 안 그런가? 언제나 할 일은 넘쳐 나서 멈추는 적이 없을 테지만, 문제 해결은 우선순위에 달려 있다. 어떠한 일이 당신에게 최고의 결과를 가져다줄 것인가?

"어떤 일부터 시작해야 할지 모르겠어."

너무나 많은 선택 사항들에 질려서 무엇부터 해야 할지 모를 경우에는 주저하게 된다. 최선의 방법은 스스로 받아들여야 하는 가장 크고 압도적인 결정과 관련된 일부터 시작하는 것이다.

"아직 완벽하지 않아."

아주 위험한 변명 중 하나로, 영원이 미루기 위해 사용될 수도 있다! 완벽주의자를 미루는 사람이라 생각하지는 않는데, 그들이 주도적이고 효율적으로 보이기 때문이다. 실제로 그러할까?

당신은 책이나 웹 페이지 작업, 프로젝트 등을 단지 '완벽'하지 못하다는 이유로 끝내지 못하고 있는가? 안타깝게도 당신은 '지나친 분석에 의한 불능 상태'로 고통을 받고 있는지도 모른다. 바로 당신이 '미루는' 사람이다. 내가 생각하기에 최고의 조언은 '완수하는 것이 완벽함보다 낫다'는 것이다.

보다 많이 기울이는 노력이 실제로 얼마만큼 차이를 만드는지 면밀히 살펴보라! 완벽주의에 대한 추구가 다른 업무를 위해 당신에게 필요한 시간을 앗아 간다는 사실을 알겠는가? 완벽주의자를 위한 훌륭한 전략은 당신의 시간이 얼마나 가치 있는지 돈으로 환산해 보는 것이다. 그다음 당신이 현재 하는 일이 유익한지 판단해 본다. 업무를 완수하기 위해 2시간이 아닌 10시간 동안 일을 한다면 돈을 잃는 것과 같다. 특히 추가한 8시간이 결과에 거의 영향을 주지 못했다면 더욱 그렇다.

지금 프로젝트를 끝내기로 결정하고 진행해 가면서 보완하라. 소프트웨어 제작 회사들이 하는 식으로 하면 된다. 이해가 가는가?

"지 금 은 때 가 아 니 야 .",

"나 는 적 절 한 시 기 를 기 다 리 고 있 어 ."

이런! 나는 유난히도 지겹도록 이 말을 들어 왔다. 당신이 새로운 사업을 시작하거나, 새로운 제품을 출시하거나, 새로운 일을 추진할 적절한 시기를 기다리고 있다면 차라리 영원히 기다리는 편이 더 낫다. '적절한 시기'란 절대 오지 않기 때문이다.

당신이 기다리고 있는 '우주로부터의 신호'도 마찬가지로 절대 오지 않는다. 아마도 우주가 신호를 보내 주는데도 당신이 알아차리지 못하는지도 모른다. 세상에는 무언가를 위한 '적절한 시간'이란 존재하지 않는다. 좋게 다른 말로 표현하자면, 무언가를 하기 위한 적절한 시간은 바로 '지금'이다.

60

누가 맨 처음 말했는지는 모르지만, "무언가를 시작하기 위해 적절한 시기를 기다리는 것은 드라이브하기 전에 모든 신호등이 한꺼번에 초록색으로 바뀌기만을 기다리는 바와 같다"라는 말은 아주 적절한 표현이다.

일반적으로 '미루기'는 죄책감, 불안, 자기혐오, 심지어 우울증으로 끝나기도 한다. 미루는 사람의 자긍심과 마음의 평화에 상처를 주기 때문에 대가가 지나치게 높다고 할 수 있다. 가장 나쁜 대가는 당신이 두 번 피해를 본다는 점이다. 당신은 단순히 해야 할 일을 하지 않는 것이지만, 양심의 가책이나 죄책감으로 인해 정작 해야 할 일 외에 다른 활동을 즐길 수도 없다.

행동가가 되라! 해야 할 일을 먼저 하고 당신에게 드리워진 먹구름이 걷힌 상태에서 보상을 마음껏 즐겨라.

해 결 방 안

- 자신에게는 절대적으로 솔직해져라. 미루고 싶은 유혹에 끌린다면 '일을 미룸으로써 내가 지불해야 할 대가가 무엇인가?'라고 스스로 물어보라.
- 곧바로 행동으로 옮겨라. 실천은 미루기에 대한 최고의

해결책이다.

- 당신이 나중으로 미루길 원하는 일을 하여 얻게 될 결과에 집중하라.
- 보상에 집중하라.
- 다른 사람들과 함께 일하라(코치, 멘토, 전문가 등).
- 마감 시간을 설정하라.
- 업무를 분석하고 나누어서 정복하라.
- 가장 불편한 업무는 아침에 먼저 하라.
- 돈이 되는 업무에 집중하라.

지금 바로
실행하라

작성하지 못한 이메일, 동료나 고객과의 짜증스러운 대화, 임금 인상에 관한 상관과의 협상……. 지금 바로 실행하라! 이 습관은 당신이 진정으로 어떤 일을 해내도록 도와준다. 업무를 마무리할 최적의 시간이 지금이라는 사실을 당신도 잘 알고 있으리라 확신한다.

미루는 습관은 자신을 위해 버려라. 불안만 더 가중시킬 뿐이다! 대부분의 경우 당신은 며칠 동안 미루어 왔던, 불안과

양심의 가책만을 가져다주던 일들이 실제로는 한 시간 정도면 해결된다는 사실을 알게 될 것이다. 일을 끝낸 후에는 잊어버려도 상관없어서 당신은 훨씬 홀가분한 느낌을 가질 것이다.

지금 당장 당신이 어떤 계획을 가지고 있든 내일이나 다음 주에 시작하지 말라. 지금 바로 시작하라! 당신에게 장담할 수 있다. 1년 후가 되면 당신은 지금 시작했기에 행복을 느끼게 될 것이다.

간단한 회신 이메일(가능하다면 일괄 처리하라), 어머니 전화에 대한 답신, 당신이 사용하는 통신 회사에 전화 걸기, 치과 예약하기 등과 같이 5분도 채 걸리지 않는 일들도 마찬가지다. 지금 바로 실행하라!

불편한 일은 아침에 가장 먼저 실행하라. 힘든 습관이란 것은 알지만, 그날 나머지 시간의 품질을 향상시켜 준다. 앞에서 언급한 대로, 일을 미루면 당신은 하루 종일 부담스러운 생각을 지녀야 하고, 양심의 압박도 경험해야 하기 때문이다. 지금 당장 실행으로 옮기고 잊어버려라!

매일 오후나 지친 날에는 우편물 정리, 책상 정돈, 쉬운 읽을거리를 찾아 읽기, 엑셀 파일 정리, 사후 관리, 파일 철하기 등의 단순한 업무를 하기에 좋다.

시간에 맞춰 일하라

훌륭한 생산적인 습관은 긴박감을 만들어 내면서 시간에 맞춰 일하는 것이다. 당신에게 맞는 마감 시간을 설정하라. 당신이 마감 시간을 심각하게 받아들일 정도로 충분히 자기 수양이 되어 있다면 정말로 환상적일 것이다!

그러한 자기 수양이 부족하다면 당신이 실망시키고 싶지 않은 다른 사람을 포함하라. 대다수의 고객들은 코치를 실망시키고 싶어 하지 않는다. 코치라는 직업은 그런 면에서 매우 효과적이고 성공적이다. 고객들은 스스로 해야 할 일을 하면서 매주 자신들의 성공을 향해 나아간다.

어떤 사람들은 당신이 마감 시간을 충족하지 못하면 가장 좋아하는 TV 시리즈를 못 보게 하거나, 외출 금지 같은 벌을 줘야 한다고 말한다. 나는 자기 징벌에 대해서는 어떠한 것이든 그리 찬성하지 않는다.

마감 시간에 맞춰 일을 끝내면 좋아하는 TV 시리즈를 보거나 영화를 보러 가는 등 자신에게 보상을 해주는 방법은 어떤가? 약간의 변화를 주었지만 완전히 새로운 관점이다. 같은 결과에 대한 두 개의 완전히 다른 접근 방식이다. 선택은 당신의 몫이다!

휴가 가기 전날

갑자기 모든 일을 다 처리해야 하는 휴가 가기 전날의 상황을 기억하는가? 왜 그럴까? 이유는 그렇게 해야 하기 때문이다. 몇 주 동안이나 끝내지 못했던 일들도 갑자기 마무리해야 한다. 당신은 어려운 결정도 바로 내려야 하고, 일을 미루는 호사 따위는 누릴 여유도 없다. 그렇다면 매일의 일상을 휴가 가기 전날이라고 가정해 보면 어떨까?

파킨슨Parkinson 법칙에서는 '업무는 완수를 위해 할당된 시간에 맞게 늘어난다'고 주장한다. 어떤 프로젝트에 대해 당신이 얼마만큼의 시간을 가지고 있든, 완수를 위해서는 해당 시간 모두가 필요하다는 의미이다. 2주짜리 프로젝트를 당신이 일반적으로 13일째 되는 날 저녁에 마무리하는 이유이다. 같은 프로젝트에 3주의 시간이 주어진다면 당신은 20일째 되는 날 저녁에 끝내게 될 것이다.

마감 시간은 당신이 보다 짧은 시간 안에 업무에 집중하도록 강제한다. 당신은 필수적이고 필요한 것에만 집중하고 다른 불필요한 것들은 배제하며 업무를 완수하게 된다.

이메일이나 전화를 짧게 사용하면서 갑자기 많은 시간을 확보하게 된다면, 바로 당신에게 마감 시간이 설정되어 있을 때이다. 나는 정말로 시간이 없다고 했던 사람들이 정작 전화 통화에 몇 시간씩 허비하는 경우를 수도 없이 봤다.

많은 시간 동안 초과 근무를 하면서도 제시간에 업무를 마무리하지 못하는 동료와 함께 일한 적이 있다. 나는 물류 관리자였던 동료의 업무 과정을 면밀히 살펴보았다. 동료는 운송을 예약하면서 모든 화물 운송업자들에게 전화를 걸었고, 그들과 자신의 사생활에 대해 20분이나 통화하면서 이메일을 작성했다. 동료는 하루에 대략 5명의 화물 운송업자와 통화를 하였다. 시간을 한번 계산해 보라.

내 말을 이해하지 못하겠는가? 물품 공급 업자들과 훌륭한 유대 관계를 형성하는 것은 반드시 필요하다. 하지만 당신이 시간이 없다고 불평하고 있다면 그들과 20분 동안이나 전화기를 붙들고 있어서는 안 된다. 10분이나 5분이 보다 더 당신에게 유리할 것이다.

전화 통화

통화를 한다면 빠르게 본론으로 들어가는 편이 좋다. 통화 시 빠르게 빠져나올 수 있는 최고의 출구 전략이다. 예의 바르고 공손한 태도를 가지면서도 시간이 없다는 사실을 상대에게 상기시켜야 한다.

"안녕하세요. 목소리 들으니 반갑군요. 지금 제가 중요한 회의 준비를 하고 있어요. 시간이 5분 정도밖에 없군요. 무엇을 도와드리면 될까요?"

거래 담당자와 통화하면서 처음부터 이처럼 대화를 진행할 수 있다. 분명히 효과가 있다. 당신이 이런 식으로 대화를 시작한다면 통화하는 상대방도 훨씬 빠르게 본론으로 들어간다.

이메일 서식을 사용하면 몇 분 정도의 시간을 추가로 확보할 수 있다. 그러한 시간을 합산해 보라.

도 전

자신에게 작은 도전 거리들을 만들어 주라. 가령 '나는 반드시 이 일을 1시간 안에 완료할 거야'라고 정한 후 당신이 어떻게 행동하고 완수하는지 살펴보라.

'바쁘다'의 저주

많은 사람들은 자신이 끝내기 어려운 일을 두고 "나는 바쁘다"라는 변명을 사용한다.

"홈페이지 작업을 끝내야 해. 정말 멋질 거야. 근데 너무 바빠서 할 시간이 없어."

"정말로 멋진 책을 계획 중이지만, 너무 바빠서 쓸 시간이 없어."

"멋진 사업 아이디어를 가지고 있지만, 너무 바쁜 나머지 대안을 찾을 시간이 없어. 다른 곳에 이력서를 보낼 시간을 가질 때까지는 마음에 안 들어도 좀 더 직장을 다닐 생각이야."

시간을 변명으로 삼는 일을 멈추고 당신의 시간을 잘 활용하라! 어느 정도 예비 시간을 구축할 때까지 중요한 일을 하라. 무익한(그저 '나는 바빠'라고도 변명하는) 일을 하느라 보내는 헛된 시간 낭비를 멈추는 방법을 터득하라. 앞에서도 말했지만, 단순히 '바쁘다'는 말은 당신이 생산적이거나 성과를 얻고 있다는 의미가 아니다.

포 모 도 로 방 식

아주 단순하고 효율적인 포모도로Pomodoro 시간 관리법보다 감명을 준 방식이 도대체 무엇인지 생각나지 않을 정도다. 포모도로 방식은 25분 동안 일하고 5분간 휴식을 갖는 방법이다. 기본적으로 앞서 언급한 사항들에 대한 또 다른 접근이다.

아무런 방해 없이 25분간 일하고 5분간 쉰다. 4회(2시간)의 포모도로 방식을 실시한 후 15~30분간 긴 휴식 시간을 가진다. 포모도로 방식은 당신이 집중하도록 도와주고, 아울러 외부적이거나 내부적인 산만함의 영향을 줄이게 만든다.

당신이 속한 부서 전체가 포모도로 방식을 적용하기 시작하면 재미있어질 것이다. 채택한 부서의 생산성은 그야말로 폭발적이라고 들었다. 당신이 포모도로 방식을 경험한 적이 있다면 알려 주기 바란다. 나는 늘 실제 사례에 관심이 많다.

'아침 의식' 습관을 가져라

아침 의식을 하는 순간은 하루 중 내가 제일 좋아하는 시간이다. 아침 의식은 나의 행복, 부, 생산성에 대해 전부는 아니어도 많은 기여를 했다. 아침 의식 하나만으로 당신의 모든 시간 관리 문제를 해결할 수 있을 정도이다.

당신의 하루 중 가장 중요한 순간은 잠에서 깨어난 직후 30분이다. 그때는 당신의 잠재의식이 매우 수용적이기 때문에 어떤 일을 하느냐가 매우 중요하다. 하루를 시작하는 방식은 나머지 시간들이 진행되는 방향에 대단히 커다란 영향을 준다.

처음부터 잘못된 하루를 시작해 이후로도 더욱 나빠진 경우나, 반대로 모든 것이 내 뜻대로 되리라는 느낌을 가지고 깨어나면 실제로 하루가 그렇게 진행되는 경우를 경험했을 것이다. 따라서 당신의 하루를 어떻게 시작하느냐는 매우 중요하다.

대부분은 일어나자마자 1분 내에 모든 일을 급하게 시작한다. 우리의 하루가 진행되는 일반적인 모습이다. 요즘 스트레스를 받은 상태로 여기저기 돌아다니는 사람들도 어찌 보면 당연하다고 할 수 있다. 그렇다면 매일 아침 평소보다 30분이나 1시간 정도 일찍 일어나면 당신에게 어떤 도움이 될까?

급하게 서두르면서 아침 식사를 입으로 밀어 넣거나, 심지어 일터로 가는 중에 식사를 하는 대신 잠에서 깨어나 당신을 위해 30분의 여유를 가진다면 어떻게 될까? 당신은 10분이나 15분 정도의 명상으로 조그만 아침 의식을 만들 수 있지 않을까?

아침 의식을 습관으로 만들면 당신의 인생에 어떠한 영향을 미칠지 알고 있는가? 아침 의식으로 활용할 몇 가지 활동들을 소개하고자 한다. 한번 시도해 보라!

- 긍정적으로 생각한다. '오늘은 정말 멋진 날이 될 거야!'
- 당신이 감사하게 여기는 점을 5분간 생각해 본다.
- 15분 동안 경건하게 조용히 있는다.
- 지금 막 시작되어 매우 순조롭게 잘 진행될 하루를 상상해 본다.
- 오늘 하루 일정을 점검해 본다. 어떤 일이 중요한가? 어떤 일을 해야만 하는가?
- 일출을 감상한다.
- 조깅을 하거나 산책을 나간다.
- 일지를 기록한다.

하루의 마지막 30분도 똑같이 중요하다! 잠자기 전 30분 동안 당신이 한 일은 수면을 취하는 동안 잠재의식 속에 계속해서 남는다. 그때는 다음과 같은 일을 해보는 것도 좋다.

- 일기를 쓴다.
- 지금은 당신의 하루를 반성해 보는 시간이다. 당신이 훌륭하게 해낸 일은 무엇인가? 당신이 좀 더 잘할 수 있었던 일은 무엇인가?
- 오늘이 가기 전에 내일 할 일을 계획한다. 당신이 내일

완수하고 싶은 가장 중요한 일은 무엇인가?
- 다음 날 '해야 할 일'에 관한 목록을 작성한다.
- 당신의 이상적인 하루를 시각화한다(생생하게 마음속으로 그려 보기).
- 영감을 주는 블로그나 기사, 책의 한 부분을 읽는다.
- 당신에게 영감을 주는 음악을 감상한다.

잠자리에 들기 전에는 마음을 동요시키는 뉴스나 영화를 봐서는 안 된다. 내가 적극 권장하는 사항이다. 당신이 잠드는 순간에는 연상 작용이 매우 잘 일어난다. 긍정적인 자료를 듣거나 시청하는 편이 훨씬 유익하다.

하루를 앞서 계획하거나 해야 할 일의 목록을 작성하면, 당신에게 막대한 이점과 시간 절약을 가져다준다. 해야 할 일들이 당신의 잠재의식 속으로 들어갈 뿐 아니라, 업무의 우선순위를 미리 알고 있으면 다음 날 집중도가 무척 향상되기 때문이다.

“아니요”라고 말하라

당신의 생산성(또는 인생)을 엄청나게 향상시켜 주는 습관 중 하나이다. 가장 성공적인 사람들은 거의 모든 일에 대해 “아니요”라고 말한다는 사실을 알고 있는가? 당신이 진정 “아니요”라는 의사를 타인들에게 밝힌다면 실제로는 자신에게 “예”라고 말하는 것과 같다.

내게 일어났던 일들을 한번 살펴보자. 내가 타인들을 만족시키려는 행동을 그만두고 자신의 모습을 찾기 시작하자 많은 것들이 "아니요"라는 단어와 함께 다가왔다. "아니요"라고 말하는 법을 배우기 전에는 종종 내가 원하지 않는 초대에 응하거나, 즐기지도 않는 행사에 참여하곤 했다. 비록 몸은 그곳에 있어도 정신은 다른 곳에 있었다. 솔직히 나는 그들에게 좋은 일행도 아니었다. 두말할 필요 없이 나는 그 시간을 보다 중요한 일을 위해 활용하지 못해 아쉬웠다.

당신에게 닥치는 모든 일에 "예"라고 대답하면, 당신이 아닌 타인들이 당신의 시간을 결정하게 된다. 당신에게는 항상 시간이 모자라게 될 것이다. 스스로 "좋아요"와 "아니요"라고 분명하게 결정하면 기분이 훨씬 좋아지는 것을 느낄 수도 있다.

나는 초대에 응하는 횟수를 줄인 것만으로도 이미 잃어버렸던 많은 시간을 만회했다. 비록 처음에 "아니요"라고 말하기가 어려웠지만, 진심으로 초대나 행사에 응하고 외출하자 몸도 마음도 함께 그곳에 참여하게 되었다.

직장 생활에서는 그 영향이 더욱 컸다. 내게 부탁한 모든 사안에 "예"라고 대답하면 어떤 일이 일어날지 상상해 보라. 나는 수많은 부탁을 받았고 많은 초과 업무까지 떠안았다. 일반적으로 누구도 원하는 상황이 아니어서 나는 직장에서 완전히 압도당한 상태가 되고 말았다. 스스로 단호하게 맞서게 되기까지 얼마간 시간이 걸리긴 했지만, 결국 나는 자신에게

"이제 할 만큼 했어"라고 말했다. 그때부터는 어떤 부탁을 받아도 첫마디는 "아니요! 죄송하지만 지금은 너무 바빠서 할 수가 없어요"가 되었다!

"아니요"라고 자주 말하다 보면 당신은 일과 개인적인 삶을 더욱 향상시키고 많은 여유 시간을 확보할 것이다. 단, 반드시 아무런 죄책감도 느끼지 않고 "아니요"라고 말할 수 있어야 한다! 당신은 문제를 제기하는 사람에게 개인적으로 반대하는 무언가가 있어서가 아니라 당신의 행복을 위해서라고 설명할 수 있어야 한다.

여전히 동료의 부탁을 들어줄 수도 있지만, 오로지 당신에게 충분한 시간적인 여유가 있고 스스로 하기로 결정한 경우에만 해당된다. 이렇게 행동한다면 당신은 갑자기 상황을 주도해 가는 자신을 발견할 것이다.

어쩌면 당신은 물을지도 모르겠다.

"마크, 당신이 제안하는 것이 팀워크처럼 보이지는 않는군요."

당신 말이 맞다. 하지만 팀워크든 아니든 동료가 당신을 곤경에서 구해 주리라는 확신은 없다. 나는 당신이 그런 사람에 대해 잘 알고 있다고 생각한다. 그런 부류들은 꼭 사무실에 한 명씩은 있기 마련이니까.

동료의 부탁을 들어줄 수도 있고, 그렇게 해야만 할 경우도 있다. 다만 당신의 상황에 따른 경우여야 한다. 나라면 문제를 제기하는 동료에게 "당신의 부탁을 들어주고 있지만, 어떤 경우에도 직장 일로 하루를 마무리하고 싶지는 않다"라고 분명하게 말할 것이다.

이기적이라고? 물론 맞는 말이다! 하지만 당신의 인생에서 가장 중요한 사람이 누구인지 곰곰이 생각해 보라. 그렇다! 바로 당신이다! 당신이 당신의 인생에서 가장 중요한 사람이다! 당신이 잘되어야 하는 것이다! 당신이 잘되어야만 다른 사람들에게도 잘하게 되고, 같은 수준에서 호의를 베풀 수도 있기 때문이다. 먼저 당신 자신이 잘되어야만 하는 것이다.

확실한 결정을 내리기 전까지는 "아마도"라고 말하면서 시간을 버는 방법도 있다. 어쨌든 "아니요"라고 말하기 시작하면 인생은 더욱더 편해진다.

10분 일찍 도착하라

시간 관리와 생산성 향상을 위한 비결이면서, 둘 모두를 결합한 일종의 혼합물이다. 또한 스트레스 해소 이상의 역할을 하기도 한다. 이 방법은 내게 아주 유용한 역할을 해주었기에 당신과 공유하고 싶다.

약속 장소에 일찍 도착하면 바쁘게 서둘러야 한다는 부담이 없어져서 어깨를 짓누르던 스트레스의 많은 부분이 사라진다. 간단한 이메일 전송이나 짧은 통화를 위한 시간 여유도 제공한다.

나는 10분 일찍 직장에 도착해 보고서야 그러한 사실들을 깨달았다. 시간에 맞추어 도착한다거나 지각을 하면 직장에서 매 순간 스트레스에 시달려야만 했다. 10분 일찍 도착한 뒤부터는 의자에 앉아 긴장을 풀고 업무 목록을 확인할 시간 여유가 생겼다. 스트레스도 적어지고, 최대한 빠른 속도로 하루의 업무를 시작할 수 있었다. 아직 시행해 보지 않았다면 한번 시도해 보고 당신에게 어떤 효과가 있는지 알려 주기 바란다.

10분 일찍 도착하기는 업무상 미팅이나 식사 약속에도 아주 좋은 습관이다. 내가 항상 마음에 담아 두는 프랑스 속담이 있다.

'누군가를 기다리게 하면 그는 당신의 단점을 생각한다.'

시간 엄수는 자기 수양과 타인에 대한 존경의 표시이다. 아무리 당신이 세상에서 가장 교양 있는 사람이라 할지라도, 시간을 지키지 않는다면 약간의 공격성과 대면하게 될지도 모른다.

물론 문화적인 차이는 존재한다. 멕시코나 스페인 사람들은 시간 엄수에 매우 관대한 반면, 독일 사람들에게는 시간을 지키지 않는 것이 전문가답지 않은 모습으로 비춰진다. 어쩌면 당신이 노력으로 어렵게 얻은 기회를 날려 버릴 수도 있다.

나는 어떤 약속이라도 10분 먼저 도착하는 것을 습관으로 삼았다. 타인에게 예의 바르게 보이기 위해서라기보다 나 자신을 위해서이다. 단 10분이 당신을 기분 좋게 만들고, 훨씬 많은 마음의 안정을 가져다줄 것이다.

약속 장소에 10분 먼저 도착하면 당신은 서두를 필요 없이 생각을 정리하면서 인터뷰나 미팅에 대비할 시간 여유를 가지게 된다. 약속 장소에 도착해야 한다는 조급한 마음을 마지막 순간까지 느끼는 대신, 매우 편안하게 긴장이 풀린 상태를 느낄 것이다.

10분 일찍 도착하는 것은 전문성과 공손함을 보여 주는 행동이다. 당신의 인생을 위한 습관으로 채택하는 것과는 상관없이 직접 시도하고 확인해 보라.

상대의 기대치를 낮추고, 실전은 그 이상으로 하라

역시나 중요한 포인트이다. 이 훌륭한 시간 관리법은 특별한 방식으로 나의 직업적인 삶을 변화시켰다. 직장에서의 스트레스도 0%까지 줄여 주었다!

예전 내 스트레스의 대부분은 마감 시간 때문이었다. 나나 하나의 기업으로서 우리 제품이 약속한 기일에 고객에게 배송되도록 고군분투하고 있었다. 성수기 동안에는 매일 일어나는 일이라 정말 끔찍했고, 스트레스가 이만저만이 아니었다.

우리는 가까스로 마감 시간에 맞추거나, 가끔은 한두 시간 씩 늦곤 했다. 그로 인해 나는 항상 분노를 삭여야 했다. 히스테리를 부리는 까다로운 고객이라도 만나는 날에는 끔찍한 상황이 벌어졌다. 내가 고객과의 약속을 적게 하기 시작할 때까지 같은 상황이 지속되었다.

어느 날 배송이 늦은 원인 중 90%가 단지 한두 시간 동안 지속되었던 고객의 질문 때문이었다는 사실을 알아냈다. 나는 상관의 허락을 받아 처리 가능한 나만의 배송 스케줄을 작성했다.

생산에 따른 배송일이 4월 5일이라면, 나는 고객에게 4월 10일이라고 알려 주고 4월 7일에 배송을 했다. 2일이나 늦었다고 벌금을 물게 하겠다거나 고소하겠다고 협박하는 고객의 분노 대신, 나는 갑자기 약속 시간보다 3일이나 앞당겨 배송해 줬다고 엄청나게 고마워하는 고객의 인사를 들을 수 있었다. 아주 단시간 내에 우리는 배송 지연율을 50%에서 거의 0%까지 줄였다.

그 후 나만의 방식으로 마감 시간을 조절했을 때 생기는 커다란 '부작용'을 발견하였다. 관상 동맥에 의한 심장 질환의 위험이 최소 50%까지 엄청나게 감소한다는 사실이었다. 한 연구에 의하면, 타인이 부과한 마감 시간을 스스로 통제할 수 없다고 느끼는 사람에게 관상 동맥에 의한 심장 질환이 발생할 위험이 50%나 더 높다고 한다.

당신은 자신의 전체 생활에 이 방법을 적용할 수 있다. 상관이 당신에게 3일 걸리는 프로젝트를 주었다면, 5일이 필요하다고 말하고 4일 만에 마무리하는 식이다. 당신은 정말 유능한 직장인이 될 것이고, 비록 그보다 조금 늦어진다 하더라도 최소한 시간에 늦지 않은 상황이 된다. 내게도 엄청난 효과가 있었다. 직장인으로 살아가는 동안 나는 단 한 번도 주말에 출근할 필요가 없었다.

물론 당신에게 맞게 수정한 후에 직장과 주변 환경에 적용해야 한다. 당신이 상관에게 거짓말을 하여 해고당하는 것을 원하지는 않기 때문이다. 만일 직장에서 마감 시간으로 힘들어하고 있다면 한번 시도해 보라. 이를 습관으로 받아들이는 것은 확실히 해볼 만하다.

나는 사생활에도 적용해 보았다. 모임 장소까지 가려면 30분이 걸린다는 사실을 알고 있다면, 나는 친구들에게 약 1시간 후에 도착한다고 말한다. 실제로는 예상보다 30분 일찍 도착하여 친구들이 반가워하고 기뻐하는 모습을 본다. 내가 만나는 사람들에게 "당신은 중요한 사람이어서 급하게 달려왔다"는 인상도 심어 주었다. 당신의 가족과 친구들에 대해서

는 잘 모르지만, "30분 후에 도착할 거야"라고 말하고는 1시
간 후에 나타나는 것보다는 수천 배는 더 좋아하지 않을까.

전화기는 꺼 두라

당신은 전화가 울리면 매번 받아야 한다고 생각하는가? 글쎄, 그리 좋은 생각은 아니다! 전화는 당신의 편리함을 위해 필요한 것이지, 당신에게 전화하는 사람을 위한 것이 아니다. 현재 당신이 하고 있는 일을 지속하도록 가끔은 걸려 온 전화를 음성 메시지로 전환할 자유를 자신에게 주라.

물론 나도 안다. 당신이 고객을 잃을 수도 있다는 사실을. 나를 찾아오는 고객들도 모두 당신과 같은 생각을 가지고 있었다. 그렇다면 진실은? 아마 당신이 고객을 놓치는 경우는 없을 것이다.

"죄송하지만, 제가 지금 바빠서 전화를 받을 수가 없군요. 가능한 빨리 전화를 드리도록 하겠습니다."

예전부터 사용되어 왔던 친절한 메시지를 음성 메시지로 녹음해 두라. 만일 중요한 용무라면 나중에 다시 전화하거나 메시지를 남길 것이다. 아니면 화면에 나타난 번호를 보고 당신이 직접 전화를 걸어도 된다. 유일하게 나쁜 행동은 당신이 현재 하고 있는 일을 끝낸 후에 곧바로 전화를 하지 않거나, 심지어 전화가 걸려 온 사실조차 잊어버리는 경우이다.

회사에서 영업부장을 맡고 있는 스티브는 엄청난 스트레스를 받고 있었다. 나의 고객 중 한 명이었던 그는 정말로 기진맥진하여 쓰러지기 직전에 찾아왔다. 그는 하루에 보통 60~80건의 전화를 받아 고객들의 문제를 해결하고 잇따라 발생하는 문제들을 진압하느라 바빴다. 정작 제품을 팔고 고객을 방문하는 등 본연의 임무를 수행할 시간이 없는 상황이었다.

나는 이 책에 나오는 다양한 시간 관리 기법들을 제시해 주었고, 그는 자신에게 가장 적합한 한 가지를 선택했다. 먼저 적어도 하루에 한 시간 동안은 걸려 오는 전화를 음성 메시지로 변환하기로 결정하고 안내 메시지를 바꾸었다.

"안녕하세요. 저는 지금 전화를 받을 수 없습니다. 가능한 빨리 다시 전화를 드리겠습니다. 위급한 상황이시면 메시지를 보내 주세요."

이게 전부였다. 처음 2주 동안에는 큰 변화가 없었다. 3주째로 접어들자 그에게 걸려 오던 전화가 갑자기 절반으로 줄었다. 그때까지 그는 계속해서 답신을 해주었고, 처음에 사람들이 전화했던 문제의 80%가 해결되었다.

1개월 후 그는 편안한 모습이었다. 그는 휴가철이 다가오고 있어서 업무가 천천히 진행되기 때문에 전화가 적게 온다고 추측했다. 3개월 후 그는 자신의 문제를 해결했다는 사실을 인정해야 했다. 그는 자신의 시간을 통제할 수 있었다.

이제는 일에 대한 생각 말고도 가족과 함께 즐겁게 휴일을 보낼 생각까지 할 시간 여유도 생겼다. 그는 주말마다 자유 시간을 가족과 함께했다. 나아가 그해 자신의 매출 기록을 경신했고, 올해에는 매출 신장 20%를 예상했다. 그가 지금의 직장에 그대로 머물러 있겠다고 결정한다면 말이다. 그는 커다란 경쟁사의 영업팀에 합류하는 조건으로 좋은 제안을 받았기 때문이다.

모든 것이 단순히 그가 첫발을 내디딘 이후, 즉 자신의 음성 메시지를 바꾼 후 9개월 만에 일어났다. 도저히 상상도 할 수 없는 변화였다!

매번 전화를 받지 않고 단지 '그들이 다시 전화할 거야'라고 태도를 바꾸는 방법은 내게 수년 동안이나 효과가 있었다. 나는 그로 인해 많은 고객을 놓쳤다고 생각하지 않는다. 나는 많은 시간을 확보할 수 있었으며, 중요한 내용이라면 3분 안에 8번이나 전화를 하는 경우도 있다는 사실을 알게 되었다.

가족과 함께 시간을 보내라

"가족은 중요한 것이 아니라 나의 모든 것이다."

총 3편까지 개봉한 〈백 투 더 퓨처Back To The Future〉의 주인공인 마이클 J. 폭스가 했던 말이다. 미래와 과거를 세 번이나 다녀온 남자의 말에 귀를 기울여라. 비록 영화일지라도 말이다.

가족과 함께 시간을 보내는 것은 매우 중요한 습관이다. 우리 인생에서 성공과 행복에 관한 가장 크고 강력한 예언자가 가족 관계라는 사실을 증명한 다양한 연구들이 있다! 그럼에도 기업의 리더나 고위 간부들을 인터뷰해 보면 대부분 가족들과 많은 시간을 보낼 수 없다고 말한다. 그들은 스트레스를 겪으면 먼저 가족들이나 친구와 보내는 시간을 줄인다고 말한다. 정확하게는 그 반대로 해야 하는데도 말이다.

가족과 친구를 소중하게 생각해야 한다. 그들은 당신에게 사랑과 지원을 지속적으로 제공한다. 당신의 자존감을 높여 주고, 자신감을 북돋아 주며, 당신을 보다 행복하고 성공적인 사람으로 만들어 준다.

브로니 웨어의 책《내가 원하는 삶을 살았더라면》은 죽음을 앞둔 사람들이 남긴 다섯 가지의 후회를 소개한다. 그중 한 가지가 가족들과 많은 시간을 보내지 못하고 일만 너무 열심히 한 것이다! 그런 사람이 되지 말라. 지금부터는 가족을 위한 시간을 보내라! 가족과 함께 있다면 가족 모두의 부탁을 들어주라. 몸과 마음 모두 완전히 가족들과 함께하라.

믿거나 말거나, 이 습관은 당신을 보다 생산적으로 만들어 준다. 직장에서 보내는 시간뿐 아니라 자유 시간을 어떻게 잘 활용하느냐에 달려 있다. 이 책에 들어 있는 모든 내용들을 직접 실행으로 옮겨 본다면 당신 스스로 알아낼 수 있을 것이다.

휴식 시간을
가져라

갑자기 이런 내용이 불쑥 튀어나올지 예상하지 못했을 것이다. 기력 회복을 위한 낮잠인 '파워냅power nap'과 마찬가지로 휴식 시간은 당신의 생산성을 파괴하지 않고 오히려 높여 준다!

현재 우리의 삶은 스트레스가 넘치고 빠르게 변화하고 있다. 생활 속도를 늦추고 휴식을 갖는 것은 여느 때보다 중요하다. 휴식 시간을 가지고, 자연과 더불어 지내며 당신의 배터리를 충전하라.

지금 당신이 바라는 휴식 시간을 주간 계획표에 추가하라. 과감하게 실행할 용기가 있다면 일주일 동안 인터넷, TV, 비디오 게임을 완전히 끊어 보라. 그로 인해 불안감이 느껴진다면 토요일 아침에 시작해서 전체적인 주말로 확대해 나간다.

내 생애 최고의 휴가 중 하나는 프랑스 남부에 있는 미디 Midi 운하 위의 요트에서 지냈던 경험이다. 휴대폰도, 인터넷도, TV도 없이 오로지 오리들만 있었다. 요트의 최고 속도는 시속 8킬로미터였다. 우리는 말 그대로 '어쩔 수 없이' 느릿느릿 가야만 했다. 강을 따라 흘러가는 동안 강가의 자전거 도로를 달리는 6살짜리 아이들에게 추월당하는 기분보다 더 마음을 이완시켜 주는 것은 별로 없지 않을까.

때로는 통과하는 마을이 너무 작아서 흔한 슈퍼마켓조차 없었다. 전체 여행을 하나의 간단한 질문으로 요약하자면 "도대체 어디 가서 음식을 구하지?"였다. 하지만 걱정할 필요는 없었다! 근처에는 항상 식당이 있었다. 보트 위에서 해가 지는 모습을 보거나, 단지 자연에 둘러싸인 채 직접 만든 저녁 만찬을 즐기는 시간은 정말 매력적이었다. 한번은 포도밭 한가운데에서 저녁을 먹은 적도 있었다! 정말 멋지지 않은가!

아침이면 작은 프랑스 마을로 산책하러 가서 마을에서 유일한 빵집이 파는 바게트를 아침 식사로 먹었다. 우리는 해가 뜨면 일어났고, 해가 지면 체스 두 게임을 하고 잠자리에 들었다. 당신도 함께였다면 아마 "우리는 오리와 함께 기상해서 오리와 함께 잠자리에 들었어요"라고 말할 것이다.

휴식 시간을 가지고 자연과 소통하라! 긴 여행이 아니어도 좋다. 기회가 있을 때마다 숲을 거닐거나, 해변을 돌아다니거나, 공원을 산책해 보고 느낌이 어떤지 생각해 보라. 아니면 그냥 벤치나 잔디 위에 드러누워 파란 하늘을 찬찬히 들여다보라. 잔디나 해변을 맨발로 거닐어 본 것은 언제가 마지막이었는가?

당신을 위해 시간 여유를 가지고 휴식을 취하거나 원기를 회복하는 것이 얼마나 중요한지 깨달았는가? 진정으로 그러길 바란다! 지금 바로 실행으로 옮겨라! 당신은 생산성을 두 배 더 향상시킬 것이다!

파워냅을 즐겨라

"해야 할 일이 무엇인지 알 수 없을 때는 낮잠을 자야 한다." 미국 작가 메이슨 쿨리가 한 말이다. 파워냅만 한 것은 세상에 없다! 한낮에 자는 낮잠이 활력을 재충전시켜 주고, 생기를 되찾게 해주며, 생산성을 높여 준다는 사실은 과학적으로 증명되었다.

나는 낮잠을 매일의 습관으로 삼았다. 덕분에 잠에 대한 아무런 걱정 없이 밤에 6시간 정도를 잘 수 있다. 내 몸도 오후가 되면 45~90분간 낮잠을 잘 거라는 사실을 알고 있다. 수면 리듬을 바꾼 이후로 나는 훨씬 분명하고 집중적이고 깨어 있는 상태로 지냈다.

옛 직장에서 가장 스트레스를 많이 받는 기간 동안 나는 낮잠을 자기 시작했다. 그때의 변화는 정말로 놀라웠다. 스트레스는 대폭 줄어들었고, 화가 나서 고객에게 소리를 지르던 이전 모습에 비해 침착해졌으며, 해결책을 찾는 동안에도 훨씬 더 집중적이고 능률적이었다.

당분간은 근처 공원의 벤치에서 25~30분간 잠을 자다가 나중에는 사무실에 있는 의자 두 개를 합쳐 놓고 잠을 잤다. 갑자기 하루 일과가 두 부분으로 나뉘었고, 한낮의 시간은 중간 휴식 시간처럼 느껴졌다. 보통 식사 후 2~5시 사이에 나타나는 졸림 현상도 사라졌다. 나는 늘 '후반전'을 상쾌하게 시작했으며, 보다 생산적으로 일을 했다.

매일 30~40분간 낮잠을 자면서도 좀 더 많은 시간을 확보하려는 노력은 터무니없는 소리처럼 들릴지도 모른다. 하지만 휴식을 잘 취할수록 생산성은 높아지기 마련이다.

잃어버리는 시간을 최소화하라

가장 원하는 것이 시간이라면서 우리는 왜 시간을 나쁘게 사용하고 있는가? 당신은 매일 일터로 가는 자동차와 대중교통 안에서 얼마나 많은 시간을 보내고 있는가? 통계적으로는 업무일을 기준으로 하루에 60~90분이라고 한다! 한 달이면 20~30시간이나 된다. 누가 "내게는 시간이 부족해"라고 말했는가?

나는 당신이 독서를 하거나(버스나 기차에서), 자동차 안에서 오디오북을 들을 추가적인 20~30시간을 더 찾아 주었다. 당신이 라디오에서 나오는 부정적인 뉴스를 듣거나 신문을 읽는 대신, 자기 계발 오디오북을 듣거나 영감을 주는 책을 읽기 위해 시간을 사용한다면 어떻게 될까? 당신은 1년 만에 얼마나 많은 것을 배울 수 있을까? 아마도 다시 대학으로 돌아가는 것과 비슷하지 않을까! 이제 당신은 '잃어버리는 시간'을 최소화할 것인가?

나는 기차 안에서 일을 많이 한다. 지난 저서 《실업자에서 아마존 베스트셀러 작가로From Jobless to Amazon Bestseller》의 절반 정도를 열차 안에서 완성했다. 이번 글도 사실 바르셀로나와 내가 살고 있는 프레미아 데 마르 사이를 기차로 오가며 쓰고 있다.

대중교통을 이용하는 동안 동기를 부여해 주는 강연을 듣거나, 명상을 하거나, SNS에 접속하기도 한다. 슈퍼마켓에서 줄을 서는 시간도 SNS를 살펴보거나 간단한 이메일 회신을 하기에 좋다. 즉, 내가 생산적으로 일을 하는 동안에는 절대 하지 않는 다른 일들을 하기에 좋은 시간이다. 기차 안에서 페이스북이나 인터넷을 돌아다닐 때는 그 순간 내가 무엇을 하느냐에 따라 종종 자연스레 일하는 시간으로 바뀌곤 한다.

설거지를 하며 온라인 세미나를 경청하거나, 빨래를 개면

서 TV를 시청하는 등 그 외에도 많은 일들이 가능하다. 지금
의 질문은 "당신은 잃어버리는 시간을 어떻게 최소화할 것
인가?"이다.

일기를 작성하라

생산성에 지대한 영향을 주는 습관 중 하나이다. 일기를 작성하고 하루를 반성하라. 하루가 끝나면 특정한 관점을 가지고 행복한 순간들을 회상해 보라. 당신이 이루어 놓은 일을 생각해 보고 일기에 기록하는 것에는 대략 몇 분 정도만 소요된다. 일기에 기록함으로써 당신은 매일 아침과 저녁마다 행복, 동기 부여, 자존감 등에 대한 여분의 추진력을 얻을 것이다.

일기에 기록하는 행동은 잠자리에 들기 전 당신의 마음을 긍정적인 것들에 집중하게 한다. 그러면 당신의 수면과 잠재의식에 유익한 효과를 가져다준다.

일기를 쓰면 당신의 초점을 그날의 긍정적인 면들과 감사할 일들로 이동시켜 준다. 당신의 뇌가 지난 24시간 동안 일어났던 긍정적인 일들을 상세히 검토하게 만드는 것이다. 그 결과 당신을 높은 수준의 행복과 낙관주의로 데려다준다.

긍정 심리학 분야의 수많은 연구들이 지금까지 증명한 대로, 일기 작성은 당신을 보다 생산적인 모습으로 만들어 주기도 한다. 놀랍지 않은가! 그러한 연구들은 행복한 사람들이 중립적이거나 불만을 가진 동료보다 약 20% 더 생산적이라는 점을 증명한다.

나는 물론이고 고객들에게도 일기 작성이라는 작은 실천 하나가 행복에 커다란 변화를 가져다주었다. 매일 밤 잠자리에 들기 전 다음의 질문에 대답해 보고 일기에 기록하라.

- 스스로 감사하게 여기는 3가지는 무엇인가?
- 오늘 나를 행복하게 해주었던 3가지는 무엇인가?
- 오늘 특히 내가 잘한 3가지는 무엇인가?
- 나는 어떻게 오늘 하루를 훨씬 더 낫게 만들었는가?
- 내일 내게 가장 중요한 목표는 무엇인가?

생각했던 말들이 일기를 쓰는 동안 흘러가 버린다 해도 염려하지 말라. 다른 모든 일들과 마찬가지로 실행을 거듭할수록 나아지게 될 것이다. 막혀서 아무것도 떠오르지 않으면 5분 정도 여유 시간을 가지고 생각해 보면 된다. 깊이 생각하지 않고 그냥 떠오르는 내용들을 기록하되, 스스로 판단해서는 안 된다.

당신의 글씨체나 실수를 염려하지 말라. 그저 기록하기만 하면 된다! 매일 한 달간 작성해 보고 당신에게 일어난 변화를 관찰해 보라!

위에 적어 둔 5가지 질문은 저녁 식사를 하며 배우자나 아이들과 나눌 만한 훌륭한 대화 주제이기도 하다!

TV 시청을 중단하라

당신은 서둘러 여유 시간을 확보하고 싶어 한다. 그렇지 않은가? 여기 많은 시간을 확보할 한 가지 팁이 있다.

당신은 일주일에 몇 시간 정도를 '바보상자' 앞에 앉아서 보내는가? 미국인이나 유럽인들이 하루에 TV 앞에서 보내는 시간은 평균적으로 4~5시간이나 된다! 일주일이면 28~35시간이나 된다! TV 시청을 하루 한 시간으로 줄인다면 일주일에 20시간 이상을 확보할 수 있다는 소리이다. 당연히 유튜브도 포함된다.

시간 확보 외에도 한 가지 유익한 소득이 있다! 비록 1등까지는 아니라 하더라도 TV는 매우 나쁜 '에너지 도둑' 중 하나이다! 당신은 TV 시청 후 원기가 회복되었거나 에너지가 재충전된 느낌을 받아 본 적 있는가? 당장 TV를 꺼 버려라!

너무나 많은 부정적인 것들에 왜 당신을 노출시키려고 하는가? TV 속의 넘쳐 나는 쓰레기에 당신을 노출시키지 말라! TV 보는 습관을 산책을 하거나, 가족과 시간을 보내거나, 좋은 책을 읽는 등 보다 건강한 습관으로 바꾸라.

오래전 나는 직장으로 가는 열차 안에서 아침 뉴스로 나오는 나쁜 소식들을 보고 화가 났다는 사실을 스스로 깨닫고 나서 뉴스 시청을 그만두었다. 당시 나는 '단순히 정치인 A가 한 말과 은행원 B가 했던 행동, C 지역에서 일어난 전쟁 때문에 이미 스트레스를 받아서 스트레스가 넘쳐 나는 일터로는 도저히 못 가겠어'라는 생각을 했다.

뉴스 시청을 그만둔 지 일주일이 지났을 뿐인데도 나는 스스로 훨씬 좋아진 느낌을 받았다! 믿지 못하겠는가? 본인이 직접 한번 해보라! 일주일 동안 뉴스를 보지 않으면 기분이 어떨지 느껴 보라.

그렇더라도 당신은 여전히 '중요한 소식'과 최근 소식을 들을 것이다. 당신의 가족, 친구, 동료 들이 계속해서 새로운 소식들을 전해 줄 테니 말이다. 당신의 마음을 노출시킬 쓰레기의 양에 선택적으로 행동하라.

TV 시청을 중단했다고 무식해질까 염려하지 말라. 최근 연구에 의하면 오히려 반대이다! TV를 시청하지 않는 사람들은 매일매일 뉴스 프로그램의 영향을 받은 사람들보다 현실에 대한 판단력이 뛰어났다. 지금 이것이 바로 당신에게는 '뉴스'이다. 그렇지 않은가?

당신이 텔레비전 시청을 중단하기 위해서는 좀 더 많은 이유가 필요한가? 미디어가 어떻게 우리를 조종하며, 어떻게 거의 모든 정보가 날조되는지에 대한 책을 하나 골라 읽어 보라. 당신이 노출되는 정보를 통제하여 확실히 생활 속에 반영하라.

쓰레기 TV 프로그램들을 시청하는 대신 다큐멘터리나 코미디 프로그램을 시청하라. 당신의 승용차 안에서는 뉴스를 듣는 대신 오디오북이나 동기를 유발하는 강연을 들어라.

너 자신을
알라

삶을 변화시키기 위한 첫째 단계는 현재 당신의 위치가 어디이며, 무엇을 놓치고 있는지를 스스로 아는 것이다. 당신은 아마 내가 쓴《끝까지 가는 30일 습관법》을 통해 이 질문을 접해 보았을 것이다. 이유는 간단하다. 당신의 생산성을 포함한 자기 계발의 모든 과정들은 자신을 더욱 잘 아는 것에서 시작한다. 목표와 꿈이 무엇이든 당신은 이 질문에 솔직하게 대답하는 것을 피해 가지 못한다. 따라서 지금의 당신처럼 더 빨리 시작할수록 유리하다.

아래의 설문지는 나의 모든 코칭 과정들의 시작점이라고 할 수 있다. 비록 이전에 해본 경험이 있더라도 시간 여유를 가지고 질문에 답해 보기 바란다.

- 인생에서 당신의 꿈은 무엇인가?

____

____

____

____

- 당신이 생을 마감한다면 그동안 하지 못한 어떤 일이 가장 후회되겠는가?

____

____

____

____

- 돈과 시간이 문제가 되지 않는다면 하고 싶거나, 되고 싶거나, 가지고 싶은 것은 무엇인가?

- 인생에서 당신에게 동기 부여가 되는 것은 무엇인가?

- 인생에서 당신에게 제한을 가하는 것은 무엇인가?

• 지난 12개월 동안 당신이 가장 크게 이룬 성과는 무엇
인가?

• 지난 12개월 동안 당신에게 가장 큰 좌절감을 안겨 준
사건은 무엇인가?

• 다른 사람들을 즐겁게 하기 위해 당신은 어떤 행동을
하는가?

• 당신은 자신을 기쁘게 하기 위해 무엇을 하는가?

• 모르는 척하며 다른 사람들을 속이고 있는 것은 무엇
인가?

• 인생에서 당신이 이루어 놓은 가장 훌륭한 업적은 무
엇인가?

• 당신은 자신의 훌륭한 업적을 어떻게 정확하게 알게 되
었는가?

• 당신은 5년 전에 했던 일과 비교하여 오늘 한 일을 어떻게 생각하는가? 과거 당신이 했던 일과 지금 당신이 하고 있는 일은 어떤 관계가 있는가?

• 당신의 일에서 가장 즐거운 점은 무엇인가?

• 당신의 일에서 가장 즐겁지 않은 점은 무엇인가?

- 당신이 주로 미루는 행동이나 생각은 무엇인가?

- 당신이 진정으로 자랑스러워하는 것은 무엇인가?

- 당신은 자신에 대해 어떻게 설명하는가?

• 행동적인 측면에서 당신이 개선해야 할 부분은 무엇인가?

• 현시점에서 인생을 성공으로 이끄는 것과 관련된 당신
의 공헌 수준을 어떻게 설명할 것인가?

- 현시점에서 당신은 행복, 활기, 자기 관리와 같은 일반적인 상태를 어떻게 설명할 것인가?

____

____

____

____

- 현시점에서 당신은 인생이 얼마나 재미있고 즐겁다고 말할 수 있는가?

____

____

____

____

- 당신이 최종적으로 딱 하나의 걱정거리를 잊을 수 있다면 무엇을 선택하겠는가?

____

____

• 당신이 진정으로 돌파구를 가장 많이 바라는 것은 인생
에서 어떤 부분인가?

믿어라

"인생을 두려워하지 말라. 인생은 살아갈 가치가 있다고 믿어라. 그러면 믿음이 현실이 될 것이다."

철학자 윌리엄 제임스의 명언이다. 현재의 과학은 오래전 그가 알던 사상을 뛰어넘어 '당신의 믿음이 현실을 창조한다'로 발전하였다. 당신은 스스로 믿는 것을 창조한다. 세상은 오로지 현실에 대한 당신의 해석일 뿐이다. 당신은 세상의 본래 모습이 아니라 자신에게 익숙해진 모습만을 바라본다. 당신의 인식은 단지 현실을 바라보는 자신의 추정치에 불과하다. 현실에 대한 당신의 지도는 현실 자체보다는 당신의 행동 방식을 결정한다. 우리 각자는 자신만의 렌즈를 통해 세상을 바라보고 있다.

당신이 현재 시간이 없다고 믿는다면 어떤 일이 일어날지 상상해 보라. 그저 말장난에 불과한 것이 아니다. 플라세보placebo 효과, 피그말리온Pygmalion 효과, 자성적 예언 등 '긍정 심리학' 분야에는 믿음의 힘을 증명한 수많은 연구들이 존재한다.

연구에 따르면 플라세보 효과는 실제 치료 약물의 55~60%에 달하는 효과가 있다고 한다. 1998년 〈뉴욕 타임스〉에 옻나무에 대한 실험이 실렸다. 연구자들은 아무런 해가 없는 식물로 피실험자들의 팔을 문지른 후 옻나무였다고 알려 주었다. 그러자 13명의 피실험자 모두에게서 옻나무 발진의 전형적인 증상이 나타났다! 진짜 옻나무로 팔을 문지른 피실험자들에게는 무해한 식물이라고 말해 주었고, 단지 두 명만이 발진 증상을 보였다!

연구자들은 다음과 같은 결론에 도달했다. 첫째, 자신의 믿음은 자성적 예언이 된다. 둘째, 우리의 뇌는 다음에 일어날 일을 어떻게 예측하느냐에 따라 반응하도록 조직되어 있다.

더 좋은 사례도 있다! 1960년대 후반 로버트 로젠탈과 레오노레 야콥슨이 초등학교에서 실험을 했다. 그들은 우선 아이들의 학습 잠재력을 조사하기 위해 지능 검사를 실시했다. 교사들에게는 지능 검사를 한 결과 일부 학생들이 학구적으로 아주 뛰어나다고 말해 주었다. 그들은 교사들에게 전체 시험 결과는 공개할 수 없으며, 학생들을 차별해서는 안 된다고 일렀다. 이 점을 확실히 하기 위해 교사들은 감시를 받을 것이라고도 했다.

연말에 그들은 다시 시험을 실시하였다. 교사들에게 확인해 주었던 학생들에게서 매우 놀라운 성과가 나타났다. 당신에게는 그다지 놀랍지 않을 수도 있겠지만, 사실 교사들에게 알려 준 학생들은 매우 평균적이고 일반적인 지능에 불과했다는 것이다. 애초에 시험을 위해 연구자들이 무작위로 선발한 학생들일 뿐이었다! 개인의 잠재력에 대한 믿음이 실제로 잠재력에 생명력을 불어넣는다고 주장하는 피그말리온 효과의 증명이다.

인생의 다른 영역에도 적용된다. 직장 동료나 배우자, 아이들에게 거는 당신의 기대는 현실이 될 수도 있다. 당신은 그들에게 최고의 결과를 기대하는 것이 좋다!

신경 언어 프로그래밍에 관한 전문가인 로버트 딜츠는 믿음을 우리와 타인들, 우리를 둘러싼 세계에 대한 판단과 평가로 정의한다. 믿음은 습관적인 사고방식이다. 진실 여부와는 상관없이 일단 무언가를 진실이라고 믿기 시작하면, 비록 거짓이라 하더라도 그는 자신의 믿음을 증명하기 위해 증거를 수집하는 등 마치 진실처럼 행동한다.

신념 체계에 따라 당신은 이런저런 방식으로 당신의 삶을 살아가게 된다. 결국 여분의 시간을 찾아내려면 시간이 없다고 하는 당신의 믿음을 바꿔야만 한다! 일단 자신에게 시간이 있다고 믿기 시작하면 당신은 어디에서든 시간을 찾게 될 것이다.

앞에서 언급한 대로, 당신의 믿음은 자성적 예언과 같아서 다음과 같은 효과를 발휘한다. 당신의 믿음은 감정에 영향을 주고, 감정은 행동에 영향을 주며, 행동은 그에 따른 결과에 영향을 준다!

시간 여유가 있으면서도 도무지 발견하지 못하는 사람들과 함께 나는 지금까지 일해 왔다. 그들은 인터넷을 돌아다니거나, 유튜브의 비디오를 시청하거나, 게임을 하며 시간을 보내는 동안에도 자신에게 시간이 전혀 없다는 확신을 가지고 있었다. 당신에게 시간이 없다면 자신에게 시간이 없다는 믿음이나 생각, 기대의 투영이다. 만약 바꾸고 싶다면 먼저 당신의 사고방식부터 바꾸어야 한다.

　과거 수십 년 동안 인간이 4분 안에 1마일(약 1.6킬로미터)을 달리는 것은 불가능하다고 여겼다. 이 주제에 관해 과학 논문과 연구들이 엄청나게 쏟아져 나왔다. 하지만 1954년 5월 6일 옥스퍼드에서 열린 육상 경기에 출전한 로저 배니스터가 모든 사람들이 틀렸다는 사실을 증명했다. 이후 해당 연구들은 모조리 갈가리 찢겨 나갔다. 그날 이후 1,000명이 넘는 사람들이 그와 같은 결과를 얻었다.

　나는 믿음을 제한하는 다음과 같은 생각들은 멀리 쫓아 버릴 것을 강력히 추천한다.

- 내겐 시간이 없어.
- 무엇을 하든 나는 결코 해내지 못할 거야.
- 일을 할수록 해야 할 일만 더욱 늘어날 뿐이야.
- 나는 절대로 시간에 맞춰 일을 끝낼 수 없을 거야.

다음처럼 힘을 북돋아 주는 믿음을 가슴에 품어라.

- 비록 지금 어떻게 해야 할지 잘 모르지만, 나는 항상 필요한 시간을 찾을 수 있어.

- 매일 나의 일을 완수할 거야.
- 나의 근무 시간 전체를 관리하고 있으며, 항상 여유 시간을 만들 수 있어.
- 나는 아주 생산적으로 일을 하니까, 동료가 6시간 동안 해야 할 일을 단 2시간 만에 끝낼 거야.

몇 가지 간단한 연습이 있다. 당신에게 다음과 같은 물음을 던져 보라. "시간에 대한 나의 믿음은 무엇인가?" 믿음을 바꾸기 위해 다음 연습을 따라 해보고 자신에게 말하라.

- 단지 현실에 대한 나의 믿음일 뿐이지, 현실을 의미하지는 않는다.
- 내가 믿는다고 하여 반드시 진실인 것은 아니다.
- 그 믿음에 반대되는 감정을 만들라.
- 그와 반대되는 경우를 상상하라.
- 그 믿음은 당신이 현실에 대해 가지는 하나의 개념일 뿐이다. 현실 자체가 아니라는 사실을 인식하라.
- 하루에 10분 동안 현실처럼 보이는 것을 무시하고 마치 당신의 바람이 실현된 듯이 행동하라. (세상 모든 시간을 소유하여 편안한 모습을 하고 있는 당신을 상상하라.)

시각화하라

시각화는 경험을 축적하는 기본적인 수단이다. 뇌의 잠재의식은 잘 짜인 시각화와 현실 사이를 구별해 내지 못한다. 많은 감정을 동원하여 아주 상세하게 자신이 생산적이라고 시각화한다면, 당신의 잠재의식은 실제로도 그렇다는 확신을 가지게 될 것이다. 그때 당신은 자신을 보다 생산적인 사람으로 전환하도록 도움을 주는 동기 부여, 기회, 아이디어를 얻게 된다.

당신에게는 하나의 신비로운 현상쯤으로 들리는가? 예를

들어, 순수하게 시각화만을 이용하여 스포츠 연습을 할 수 있을까? 실제로 가능하다. 시각화의 위력을 확인한 다양한 연구들이 존재한다. 1980년대 초반 미국 육군에 복무 중이던 토니 로빈스는 시각화 기술을 이용하여 권총 사격 능력이 엄청나게 향상되는 경험을 했다. 시각화 기술을 이용하여 농구 선수들의 자유투 성공률을 향상시켰던 연구도 있다. 결과는 실로 놀라웠다!

운동선수들을 자세히 살펴보면 자신의 모든 경주나 경기를 시각화한다. 최고의 골프 선수, 테니스 선수, 축구 선수 들은 실제 경기가 있기 며칠이나 몇 시간 전부터 가상의 경기 상황을 시각화하여 효과를 얻는다. 잭 니클라우스, 웨인 그레츠키, 그렉 루가니스 등의 훌륭한 선수들이 시각화를 통해 목표를 이루었다고 알려져 있다. 그렇다면 생산성 향상이라는 목표를 위한 당신의 시각화가 효과 없을 이유가 무엇이겠는가?

최신 기술들 덕분에 신경 과학자들은 당신이 무언가의 이미지를 상상하면(레몬을 먹는 상상과 같은) 뇌에서는 실제 그런 행동을 하고 있을 때와 같은 뉴런에 불이 켜진다는 사실을 발견했다! 당신이 이미 생산성 향상 목표를 달성했다고 생각하라. 당신의 눈으로 직접 목격한다고 생각하고 모든 감각을 동원하여 느껴 보라. 직접 냄새로 맡고, 소리로 들어 보고, 촉

각으로 느껴 보고, 맛을 보라. 일과를 스스로 제어하고 주어진 일을 모두 처리할 충분한 시간 여유가 있는 당신이 지금 얼마나 긴장을 풀고 여유로운지 느낄 수 있는가?

더 많은 감정을 집어넣을수록 효과는 커진다. 매일 15분 동안 반복적으로 시각화를 하면 시간이 지남에 따라 엄청난 결과를 경험하게 된다. 매일 아침 의식을 진행할 때나, 자러 가기 전의 저녁 시간에 시각화를 이행할 시간을 마련하라.

에너지를 증가시켜라

생산적인 사람이 되기란 많은 에너지를 필요로 한다. 여기에서는 에너지를 증가시키고 최고의 생산성을 가지기 위한 많은 조언들이 제공된다. 일반 상식처럼 들릴 테지만, 이 말을 우선 기억하라.

"일반 상식은 (사람들 모두가 행하는) 일반적인 행동이 아니다."

아마도 당신은 이미 많은 습관들 중 대부분을 실천하고 있을 것이다. 다만 한 번 더 상기시켜 줄 기회가 필요하다.

✅ 좋은 사람들과 어울려라

　당신이 어떤 사람들과 시간을 보내고 있는지 확인하라. 동기 부여가인 짐 론이 말했던 "당신은 대부분의 시간을 함께 보내는 5명의 평균이다"라는 유명한 문구가 있다. 이 말은 전 세계의 수많은 워크숍이나 책에 인용되었고, 단순한 공염불만은 아니었다는 사실이 지금까지 증명되었다.

　긍정 심리학 분야의 많은 과학적인 연구들은 실제로 감정은 전염성을 가진다는 사실을 증명해 왔다! 한 방에 낯선 사람 세 명을 집어넣어 두면, 감정을 가장 많이 표현하는 사람의 기분이 단 2분 만에 나머지 두 명에게도 전염된다고 한다.

　원하든 원하지 않든 당신의 불안이나 안 좋은 기분이 당신과 상호 작용하는 모든 사람들에게 영향을 미친다고 느껴 본 적이 있는가? 마찬가지로 당신은 공공연히 부정적인 사람들로부터 즉각적인 영향을 받을 수도 있다! 그들과 함께 많은 시간을 보내고 있다고 상상해 보라. 단지 2분 동안 그들과 시간을 보냈더라도 이후의 근무 시간이나 집에서까지 당신에게 끼칠 영향을 생각해 보라!

　다행스럽게도 긍정적인 감정도 똑같은 방식으로 효과를 나타낸다. 예일 대학에서 실시했던 한 가지 실험이 있다. 그룹 과제를 수행하는 과정에서 구성원 중 한 명에게 확실하게 긍정적으로 행동하도록 했다. 실험은 비디오로 녹화가 되었고, 연구자들은 실험 전과 후에 각 팀원들의 감정을 추적했다. 그 후 개인과 집단적인 수행에 대한 연구가 진행되었다.

어떻게 되었을지 한번 예상해 보라. 긍정적인 감정을 지닌 팀원이 방에 들어가면 그의 기분이 즉시 주변에 있는 모든 사람들에게 전염되었다. 그보다 더 좋은 점은 '행복한 사람'의 긍정적인 기분 덕분에 팀을 이루어 과제를 수행하는 개별 팀원의 성과와 능력이 향상되었다는 사실이다.

다른 실험에서는 성적이 우수한 학생들과 함께 방을 사용하는 학생들이 자신들의 평균 점수를 높이는 결과를 보여 주었다. 심지어 스포츠 팀에 있어서도 한 명의 긍정적인 선수로 인해 전체적인 팀의 성과가 향상될 수 있다. 그들이 더욱 행복해질수록 경기를 잘 수행하기 때문이다!

당신을 맥 빠지게 하는 사람들보다는 최선을 이끌어 내고, 동기 부여를 해주고, 믿어 주고, 힘을 실어 주는 사람들과 좀 더 많은 시간을 보내는 편이 훨씬 좋다. 비관적인 사람, 불평가, 항상 무언가를 판단하여 험담하고 나쁘게 말하는 '에너지 뱀파이어' 들과는 가까이 지내면 안 된다.

주변 사람들은 당신에게 동기를 부여하고, 용기를 주고, 올바른 행동을 취하도록 도와주는 출발점이 될 수 있다. 반면 당신을 맥 빠지게 하고, 에너지를 낭비하게 하고, 인생의 목표와 생산성을 달성함에 있어 브레이크로 작용할 수도 있다.

할 일 없이 주로 자신의 게으름을 정당화하기 위해 당신이 똑같이 행동하기를 바라는 사람들에게 둘러싸여 시간을 보내지 말라. "느긋하게 점심이나 같이하자", "오늘 일찍 마치고 맥주나 한잔하는 건 어때"라고 말하는 친구가 있는가? 당신이 친구와 함께 맥주 한잔하는 것을 반대하지는 않는다. 다만 세심하게 살펴보라. 사교적인지, 아니면 시간 낭비인지 분석해 보라.

부정적인 사람들과 함께 지내다 보면 시간이 지남에 따라 당신은 부정적이고 냉소적인 사람으로 변할 수 있다. 그들은 안전을 중요시하고, 위험과 불확실한 것은 싫어한다. 당신이 지금의 상태로 계속 지내도록 설득하고 자신들 곁에 계속 붙잡아 둘지도 모른다. 스티브 잡스는 하나의 짧은 문장으로 표현했다.

"다른 사람들의 견해가 잡음이 되어 자기 내면의 소리를 압도하게 해서는 안 된다."

주변 사람들이 반대로 설득한다면 스스로 성장하고 번창하기란 어렵다. 보호한다는 명목하에 맥 빠지게 만드는 사람들이 안타깝게도 당신과 가장 가까운 경우도 흔히 존재한다. 만일 그러한 사람들이 당신과 가까운 사람이라면 어떻게 할 것인가? 유일한 방법은 당신 스스로 그들보다 훌륭하고 에너지가 넘치는 사람이 되는 것이다.

다행스럽게도 감정의 전염성은 양방향 모두에 효과가 있다. 당신이 행복하고 에너지가 넘치는 사람이라면 주변 사람들에게 '활력'을 주입해 줄 수 있다. 만일 주변 사람들에게 효과를 발휘하지 못한 채 당신만 성장하고 발전한다면 어떻게 될까? 당신은 더 이상 입맛을 만족시키지 못하기 때문에 오래지 않아 부정적인 사람들은 모두 주변에서 사라질 것이다. 그들은 자신들의 부정적인 생각을 공유할 사람을 필요로 한다. 당신이 호응하지 않으면 자신들의 구미에 맞는 다른 누군가를 찾게 될 것이다.

모든 것이 통하지 않는다면 당신은 그들과 보내는 시간을 줄일지, 아니면 아예 그들을 그만 만날지 스스로 진지하게 물어보아야 한다. 당신은 반드시 결정을 내려야 한다. 비록 쉽지는 않았지만, 나는 무의식적으로 나를 응원하지 않는 사람들을 삶에서 분리해 냈다. 그 점은 결코 후회해 본 적이 없다!

내가 좋아하는 문구 중에는 다음과 같은 말이 있다.

"당신이 완전히 미쳤다고 친구와 가족이 생각하지 않는다면 당신의 목표가 충분히 크지 않기 때문이다!"

몇 가지 작은 연습

- 인생에서 당신과 함께 시간을 보내는 모든 사람들의 목록을 작성하라(가족, 친구, 동료).
- 누가 당신에게 긍정적이고, 누가 당신을 지치게 하는지 분석하라. 긍정적인 사람들과 함께 좀 더 많은 시간을 보내라. 인생에 독소 같은 사람들(비난하는 사람, 불평하는 사람)을 만나지 말거나, 최소한 그들과 보내는 시간을 줄여라.
- 당신을 지지하는 긍정적인 사람들과 함께하라.

☑ 몸을 관리하라

우리 중 대부분은 인생에서 건강이 제일 중요하다고 말한다. 그럼에도 많은 사람들은 술 마시고, 흡연하고, 정크 푸드를 먹고, 마약까지 하기도 한다. 여유 시간이 생겨도 긴 소파에서 신체적인 활동은 거의 하지 않고 보낸다. 역설적이지 않은가?

다음의 아주 사소한 건강 습관들을 삶 속으로 들여온다면 아마도 당신의 생산성은 최소 두 배가 늘 것이다. 균형 잡힌

식단을 따르고, 규칙적으로 운동하고, 긍정적인 생활 방식을 만들라. 모든 영양분을 뇌로 공급하기 위해 신체를 건강한 상태로 유지해야 한다.

- 과일과 채소를 많이 섭취한다.
- 육류 섭취를 줄인다.
- 매일 2리터 이상 물을 마신다.
- 소식한다!
- 정크 푸드를 먹지 않는다.
- 일찍 일어난다.

운동하라

우리 모두는 운동이 좋다는 사실을 알고 있지만, 아주 소수의 사람들만이 실천하고 있다. 우울증을 앓고 있는 사람들이 일주일에 세 번 운동을 하면 항우울제를 복용하는 것과 같은 효과를 얻는다는 사실이 아주 놀라운 연구에서 증명되었다. 그뿐 아니다. 약을 복용했던 집단의 재발률은 40% 이상이었으나, 운동한 사람들의 재발률은 단지 9%에 불과했다.

운동의 중요성을 이야기한다면 당신에게 그다지 새로운 소식은 아니라고 생각된다. 최고의 변명은 "시간이 없어"이다. 하지만 운동에 시간을 투자하면 당신의 생산성도 향상되고, 결국에는 보다 많은 시간을 확보하게 된다. 아래는 일주일에 3회~5회 정도 운동할 경우 당신에게 발생할 이점에 대한 목록이다.

- 운동은 당신의 건강을 지켜 준다.
- 운동은 체중을 줄이는 데 도움을 준다. 체중을 줄이면 건강이 증진되고, 외모도 아름답게 변한다.
- 운동은 기분 좋게 만들어 주며, 많은 에너지를 부여한다.
- 운동은 자존감을 높여 준다.
- 잠을 깊이 잘 수 있다.
- 스트레스를 줄여 준다.

더욱이 규칙적인 운동은 당신을 행복하게 만들어 주고, 우울증을 줄여 준다. 심장병, 당뇨병, 골다공증, 높은 콜레스테롤 등과 같은 질병의 위험도 낮춰 준다. 뿐만 아니라 조기 사망의 위험을 줄여 주고, 기억력을 향상시켜 주는 등 많은 이점이 있다. 듣고 있는가?

마지막으로 한 가지 더. 자신에게 운동을 강요하지 말라. 운동은 즐기는 것이다. 당신에게 잘 맞고 즐길 수 있는 여가 활동을 찾아라. 하루 한 시간 걷기도 많은 도움이 된다.

☑ 좋아하는 음악을 들어라

즉석에서 빠르게 행복감을 느끼고 동기 부여를 받는 손쉬운 방법은 가장 좋아하는 음악을 듣는 것이다! 그러면 당신의 생산성을 즉시 높여 준다. 당신이 좋아하는 음악 목록을 만들어서 들어 보라. MP3 플레이어나 휴대폰, PC에 음악 목록을 만들고 들어 보는 것은 어떤가? 즉시 당신의 생산성이 향상될 것이다. 한번 해보라!

당신은 어떨지 몰라도 나는 음악과 함께라면 훨씬 더 일을 잘할 수 있다. 글을 쓸 때는 클래식이나 경음악을 듣고, 번역을 할 때는 가끔씩 내가 가장 좋아하는 트랜스 음악 DJ들의 에너지 넘치는 전자 음악을 듣는다.

☑ 일찍 일어나라

한 시간 먼저 일어나서 얻는 최고의 이점은 1년에 365시간을 번다는 점이다. 무려 365시간이다! 누가 "나는 시간이 없어!"라고 말했단 말인가?

고객이 내게 시간이 없다고 말하면 하루 몇 시간씩 TV를 보는지 물어본다. 보통은 이것만으로도 고객이 필요로 하는 시간을 제공해 줄 수 있다. TV 시청을 그만두었음에도 여전히 시간이 부족하다는 사람들에게는 매일 한 시간 일찍 일어나서 시간을 획득하도록 권한다.

해 뜨기 전 아침 시간에는 매우 특별한 에너지가 존재한다. 대략 5시 30분이나 6시쯤으로 기상 시간을 변경한 이후 내 인생은 완전히 바뀌었다.

나는 아침 산책 후 돌아오는 길에 지중해에서 떠오르는 태양을 보기 위해 해 뜨기 30분 전에 산책을 나간다. 실로 경탄할 경험이어서 절대적인 행복감에 휩싸이게 된다. 그 결과 나는 보다 맑은 정신으로 집중하여 차분하고 편안한 상태가 된다. 이미 스트레스로 얼룩져 버린 상태로 하루를 시작하지 않는 것이다.

해변에 살지 않더라도 들판이나 숲, 심지어 대도시에서의 일출도 흥분을 안겨다 주기에 부족함이 없다. 그냥 가서 감상하라. 이렇게 하루를 시작하는 것은 당신의 행복과 마음의 평화에 매우 유익하다.

아침에 일찍 일어나는 또 하나의 큰 장점은 자기 수양을 강화하고 자존감을 높여 준다는 것이다. 모든 혜택들은 당신의 생산성 향상에 엄청난 영향을 준다! 넬슨 만델라, 마하트마 간디, 버락 오바마 등 많은 성공적인 리더들은 '일찍 일어나는 새 클럽Early Bird Club' 회원이었거나 여전히 회원으로 활동 중이다.

매일 밤 6시간의 수면과 낮 시간 30~60분간의 파워냅을 병행하는 것만으로도 충분하다는 사실이 과학적으로 입증되었다. 당신의 생생함은 잠의 질에 따르지, 잠의 양에 좌우되지는 않는다. 당신에게 필요한 수면이 하루에 몇 시간인지 스스로 알아내려고 노력해야 한다. 한번 시도해 보라. 일단 알아내고 나면 당신의 삶은 엄청나게 질이 향상될 것이다.

아침 일찍 일어나는 새로운 습관은 시간적인 여유를 가지고 노력해야 한다. 일주일 동안 시도했는데도 일찍 일어난 후 여전히 피곤하다고 하여 포기해서는 안 된다. 일반적으로 습관의 효과가 나타나기까지 적어도 3~4주는 걸린다. 도저히 한 시간 일찍 일어나기가 불가능하다고 여겨지면 30분으로 변경해서 시도해 보라.

한 시간 일찍 일어나기가 대단히 큰 역할을 한다는 사실에 대한 태도나 생각, 믿음이 바뀌어서는 절대 안 된다. 7~8시간의 수면을 취하고 일터로 가기 위해 6시 45분경에 일어나는 것이 왜 그리 힘든지는 내게 항상 흥미로운 사안이었다. 이전에는 휴가 기간 동안 보통 하루 4시간을 잤다. 자명종이 울리기 전에 일어났지만, 나는 완전하게 재충전되었고 에너지가 넘쳤다.

일어나거나 자명종의 버튼을 누르는 행동은 결국 당신이 내리는 결정이다. 모두 당신에게 달린 것이다. 좀 더 나은 생활 방식과 시간 여유를 가지는 것은 당신에게 얼마나 중요한가?

☑ 독서하라

"책을 읽지 않는 사람은 글자를 모르는 사람보다 나을 바가 없다."

마크 트웨인이 한 말이다. 하루 30분씩 독서를 한다면 일주일이면 3시간 30분이고, 1년이면 182시간 30분이나 된다! 당신의 뜻대로 사용할 지식이 엄청나게 많아진다는 의미이다.

코칭 훈련 기간 중 글로 나타낸 가장 우선적인 목표 중 하나는 '더 많이 읽자'였다(매우 구체적이지는 않았지만 어쨌든 효과는 있었다). 당시는 내가 수년 동안 단 한 권의 책도 읽지 않을 때였다. 지금은 일주일에 평균 두 권의 책을 열심히 탐독한다. 나는 국제 비즈니스 연구를 포함해 과거 30년 동안 배웠던 지식보다 최근 2년간 더 많은 지식을 얻었다.

항상 책과 함께 생활하라. TV 보는 습관이나, 그보다 더 해로운 뉴스 시청을 잠자기 전 독서로 대체한다면 '마음의 평화'라는 추가적인 혜택까지 누릴 것이다. 부가적인 효과는 당신의 창의력을 높일 수 있다는 것이다.

그렇다면 무엇을 기다리는가? 앞으로 3개월간 당신이 읽을 6권의 책 목록을 작성하라! 어떤 책을 읽어야 할지 모르겠다면 추천 도서를 참고해 보라. 그렇더라도 목록은 바로 지금 작성해야 한다!

☑ 휴식을 취하라

당신은 자신에게 휴식이 필요 없으며, 보다 생산성을 높이기 위해 매일 10시간씩 일을 하는 편이 더 낫다고 생각할지

도 모른다. 다시 생각해 보라! 휴식 시간을 거부하여 몸이 지
치면 일의 능률이 많이 떨어지고, 생산성도 같이 떨어진다. 창
의력도 떨어지고, 잘못된 결정을 내릴 수도 있다.

가끔씩 휴식을 취하고, 당신에게 휴식이 어떤 역할을 하는
지 생각해 보라. 휴식을 취함으로써 생산성이 무척 올라간다
는 사실을 깨달을 것이다. 매 시간마다 5분간 휴식 취하기를
권장한다. 나는 보통 두 시간마다 30분씩 쉬거나, 일이 몰려
드는 상황이면 4시간을 연달아 일하고 두세 시간 정도 휴식
을 취한다.

자세를 바꾸어라

자세 변화가 마음을 바꾼다고 주장하는 신경 언어 프로그래
밍에서 가져온 연습이다. 사람들에게 말하면 내가 농담한다고
생각한다. 엉터리라고 단정 짓기 전에 일단 한번 시도해 보라!

슬프고 우울한 사람들은 보통 바닥을 내려다보며 어깨를
축 늘어뜨리는 등 슬픈 사람의 자세를 그대로 따라 한다. 잠
시 동안 다음의 행동들을 취해 보라. 일어서서 어깨를 펴고,
가슴을 내밀고, 고개를 약간 위쪽을 향해 치켜세운다. 당신은

위쪽을 바라보면서 자신의 모습을 과장되게 표현할 수도 있다. 느낌이 어떠한가? 고개를 치켜들고 소리 내어 웃으며 걸어 보면 기분이 훨씬 좋아짐을 깨달을 것이다. 그런 자세로 걸어 다니면서 슬픈 감정을 느끼기란 불가능하지 않겠는가?

이 주제와 관련된 많은 연구들도 있다. 2009년 브라이언, 페티, 와그너의 합동 연구는 허리를 곧게 펴고 앉는 사람들이 구부정한 자세로 앉는 사람들보다 큰 자신감을 가지고 있다는 사실을 밝혀냈다! 에이미 커디가 하버드 대학에서 다나 카니와 함께 실시한 연구에 대한 〈당신의 몸짓 언어가 당신이 누구인지를 결정한다Your body language shapes who you are〉라는 제목의 놀라운 테드TED 강연이 있다. 2분 동안 '파워 자세'를 취하면 자신감을 높이는 테스토스테론이 20%나 상승하고, 스트레스에 반응하여 생기는 코르티솔이 25% 감소한다고 한다.

중요한 프레젠테이션이나 모임, 경기 등이 있다면 2분 동안 자신감 넘치는 사람의 자세를 취해 보라. 원더우먼처럼 손을 허리에 올리고 발을 벌리거나, 의자에 뒤로 기대고 팔을 벌려라. 이 자세를 최소 2분 정도 취해 보고 당신에게 어떤 변화가 일어나는지 살펴보라!

에이미 커디의 테드 강연은 테드 홈페이지인 www.ted.com에서 위의 제목을 검색하여 시청할 수 있다. 나는 프레젠테

이션 전이나 TV와 라디오에 출연하기 전에 이 방법으로 기
적 같은 경험을 했다.

이션 전이나 TV와 라디오에 출연하기 전에 이 방법으로 기
적 같은 경험을 했다.

승리를
자축하라

"당신이 좀 더 알고자 하는 점을 축하하라."

토머스 피터스의 말이다. 생산성을 향상시키고 목표에 도달하는 행로에서 진척 상황을 파악하는 것은 아주 중요하다!

가끔씩 멈추고 지금까지의 승리를 자축하라! 지난주보다 발전한 당신을 축하하라! 당신이 해야 할 목록에서 스스로 하나씩 지워 나간 수많은 항목들에 대해 축하하라. 매주 화요일마다 두 시간 동안이나 전화기를 붙들고 통화하는 대신 최대한 집중해서 일한 당신을 축하하라. 지금 책을 쓰고 있다면 2,000단어를 쓸 때마다 축하하라.

아무리 작은 승리라도 그냥 지나쳐서는 안 된다! 승리를 자축하는 행동은 당신이 계속해서 동기 부여를 받게 도와준다. 완성된 하나하나의 모든 행동 단계들은 분명 축하받을 만하다.

반드시 커다란 보상일 필요는 없다. 단순히 자연 속에서 산책하거나, 오전 일과를 쉬고 박물관에 가서 구경하는 것으로도 충분하다. 밤에 혼자나 연인과 함께 영화를 보러 가는 것도 좋다. 창의력을 발휘하여 축하해 보라!

주도적으로 행동하라

스스로 인생을 제어할 수 있다는 믿음을 가진다면 당신은 보다 성공적이고 생산적인 사람이 될 것이다. 이미 과학적으로 증명된 사실이다. 당신이 학생이라면 더욱 행복해지고, 더욱 좋은 성적을 받으며, 원하는 직업으로 나아가는 동기 부여를 많이 받을 것이다. 직장인이라면 당신이 주도하고 있다는 느낌으로 업무를 더욱 잘 수행하고 만족도도 커질 것이다.

당신의 인생을 책임지는 사람은 오직 단 한 명, 바로 자신이다! 당신이 인생과 생산성의 설계자이다. 당신의 상사도, 배우자도, 부모도, 친구도, 고객도, 경제도, 날씨도 아니다. 오로지 당신 자신이다!

살아가면서 시간이 부족하다면 당신이 잘못된 결정을 내렸기 때문이다. 자기들이 원할 때마다 당신에게 전화를 거는 사람들이 아니라, 문제는 전화를 받은 당신에게 있다. 당신에게 추가적인 일거리를 준 사람들이 아니라, 두려워서 "죄송하지만 이 일은 받아들일 수 없습니다"라고 거절하지 못한 당신에게 문제가 있다. 당신이 업무에 집중하지 못하도록 방해한 사람들이 아니라, 방해하도록 내버려 둔 당신에게 문제가 있다.

인생에서 일어나는 모든 일에 대해 타인을 비난하는 행위를 멈추는 날, 모든 것은 바뀐다! 당신의 인생을 책임진다는 의미는 인생을 감당한다는 것이고, 인생의 주인공이 된다는 것이다. 당신이 만끽할 가장 자유로운 경험 중 하나이다.

당신이 제어할 수 있다고 믿는 행위가 직장을 넘어 인생의 거의 모든 측면에서 성공으로 이끌어 준다는 사실을 과학이 증명해 왔다. 당신은 훨씬 행복해지고, 직장에서 받는 스트레스도 줄어들며, 보다 많은 동기 부여를 받게 된다. 생산성을 높이기 위한 완벽한 공식을 갖추는 것이다.

재미있는 점을 심리학자들이 발견했다. 모든 혜택을 누리기 위해 당신이 실제로 제어력을 가져야 한다는 것은 크게 중요하지 않다. 그보다는 당신 스스로 제어력을 가지고 있다고 생각하는 것이 더욱 중요하다. 당신의 믿음, 기대, 마음가짐이 어떻게 세계에 대한 경험을 실현하는지 생각해 보라.

환경의 희생자가 되기보다는 당신의 환경을 창조하는 힘을 얻거나, 적어도 당신에게 펼쳐지는 인생에 직면하여 어떻게 행동해야 할지 결정할 힘을 획득하라. 당신의 인생에서 어떠한 상황이 일어나는지는 중요하지 않다. 당신에게 일어나는 상황에 어떠한 마음가짐을 가지느냐가 핵심이다. 당신이 취하는 마음가짐은 자신의 선택에 달려 있다!

당신에게 충분한 시간이 없다는 이유로 타인을 비난한다면, 스스로 보다 많은 시간을 찾기 위해 도대체 어떤 일이 일어나야 할까? 바로 당신 아닌 다른 모든 사람들이 변해야만 한다! 친구여, 그런 일은 현실에서 일어나지 않는다.

당신이 주인공이라면 좋아하지 않는 인생의 환경을 바꿀 힘을 가지고 있다! 당신은 생각과 행동, 느낌을 통제할 능력을 가지고 있는 것이다. 당신의 시간뿐 아니라 당신과 함께 시간을 보내는 사람들까지도 제어할 수 있다.

당신의 결과물이 마음에 들지 않는다면 생각과 감정, 기대를 바꾸어라. 단순히 타인에게 반응하는 짓을 멈추고 응답하기 시작하라. 반응은 자동적이다. 그러나 응답은 의식적으로 반응할 내용을 선택하는 것이다.

인생은 외부 요인에 달려 있지 않다. 인생은 당신에게 주어지며, 당신은 자신의 행동을 선택할 수 있다. 당신의 문제에 대한 해결책은 외부에 있지 않으며, 오로지 당신이 선택하는 능력에 있다. 성공은 당신에게 달려 있다. 이 점을 빨리 받아들일수록 당신은 보다 잘 이룰 것이다.

나쁜 일들은 좋은 사람들에게 일어나는 법이다. 당신은 지금의 환경에서 벗어나기 위해 모든 것을 최대한 활용할 수 있다. 제어할 부분은 제어하고, 그렇지 못한 부분은 받아들여라. 무엇보다도 당신이 제어하지 못하는 사안과 관련하여 시간을 낭비해서는 안 된다. 피해자는 이렇게 말한다.

"내 인생에서 일어나는 모든 나쁜 일들은 다른 사람 잘못이다. 그러나 당신이 문제의 일부가 아니라면 해결책의 일부도 될 수 없다."

문제가 외부에서 발생했다면 해결책 역시 외부에 존재한다는 의미이다. 비록 환경이 당신에게 지속적으로 보내는 자극을 통제할 수 없을지라도, 당신은 현재 직면한 상황에 맞는 행동을 선택할 자유가 있다.

'피해자의 사고방식'을 가진 사람은 단순히 반응만 할 뿐이다. 항상 자신은 결백하고, 자신의 인생 상황을 두고 지속적으로 타인을 비난하며, 타당한 근거로써 과거를 이용한다. 문제를 일으킨 사람이 변하거나, 기적적으로 문제 해결책을 가져오리라는 희망을 가지고 있다. 매우 위험한 발상이다. 대체로 두 가지 중 어느 것도 일어나지 않는다.

삶의 주인공은 자신에게 책임이 있다는 사실을 알고 있다. 적절한 행동을 선택하고, 스스로 책임감이 있다고 여긴다. 과거를 배울 만한 가치가 있는 경험으로 이용하고, 변화를 위한 지속적인 기회를 만날 현재를 살아간다. 미래에 대한 목표를 결정하고 추구한다. 제일 중요한 질문은 "삶이 그러한 환경을 부여할 때, 당신은 자신의 행동을 통해 어떠한 사람이 되려고 하는가?"이다.

선택과 결정

삶이란 당신이 내린 결정의 결과이다. 어떻게 생각하는가? 당신은 이 말을 진실로 받아들이고 있는가? 모든 결정과 선택은 당신의 삶에 중요한 영향을 미친다. 당신의 삶은 과거에 했던 선택과 결정의 직접적인 결과이며, 모든 선택은 결과를 동반한다!

가장 중요한 일은 결정을 내리는 것이다. 결정이 올바르거나 잘못되는 것은 부차적인 문제이다. 당신은 자신을 한층 발전시킬 피드백을 받게 된다. 일단 결정을 내리고 나면 결과를 받아들여라. 비록 잘못되었다 하더라도 결과를 통해 배우면 된다. 적절한 시기에 당신이 가진 모든 지식을 총동원한 최고의 결정이었다는 사실을 인정하고 자신을 용서하라.

☑ 마음가짐＋결정＝인생

빅터 프랭클은 2차 세계 대전 중 독일의 나치 수용소에 수감되었던 유대인 심리학자였다. 그는 당시 여동생 한 명을 제외한 모든 가족을 잃었다. 끔찍한 환경 속에서도 그는 자신이 정의한 '궁극적인 인간의 자유'라는 의미를 깨닫게 되었다. 심지어 나치 감옥조차 그에게서 자유를 빼앗지 못했다. 비록 타인들이 외부 환경을 제어할지라도 결국 그에게 미칠 영향을 선택한 사람은 다름 아닌 자신이었다!

그는 자신의 반응을 선택할 자유가 있다는 사실을 알아냈다! 당신에게 주어진 환경을 제어하지는 못해도 자신의 반응을 선택함으로써 인생에 커다란 영향을 미칠 수 있다는 것이다. 당신을 아프게 하는 것은 실제로 당신에게 일어나는 일이 아니다. 그에 대한 당신의 반응이다. 따라서 당신의 삶에서 일어나는 일에 어떻게 반응하는지가 가장 중요하다. 그것이 바로 선택이다!

좀 더 많은 시간을 얻기를 원하는가? 당신을 둘러싼 사람들, 당신이 일을 계획하는 방식, 당신이 들어주는 타인들의 부탁, 누구의 전화를 받을지 등에 대해 보다 나은 결정을 내려라. 당신은 지금 스스로 생산성이 높은 '기계'가 될 필요가 있다는 사실과, 많은 여유 시간이 필요하다는 사실을 잘 알고 있다. 이러한 인식을 당신에게 적용하기 위한 선택은 자신에게 달려 있다. 변명의 여지가 없다!

많이 웃어라

웃어라! 웃을 기분이 아니어도 웃어라! 웃음은 삶의 질과 건강, 인간관계를 향상시켜 준다. 당신의 생산성조차도! 작은 행복감이 당신의 업무 성과와 생산성을 향상시켜 준다는 사실이 증명되었다.

아직도 시작하지 않았다면 오늘부터 의식적으로 웃기 시작하라. 웃고 미소 짓는 행동이 당신의 건강에 엄청나게 좋다는 점은 이미 확인되었다! 매일 많이 웃고 미소 짓는 행동은 당신의 정신 상태와 창의성을 개선시켜 준다. 그러니 더 웃어라!

하루에 적어도 2시간은 코미디 프로그램이나 재미있는 것을 보기로 정해서 눈물이 뺨으로 흘러내릴 때까지 마음껏 웃어라! 일단 시작해 보면 기분이 좋아지고 에너지로 충만해지는 자신을 느끼게 될 것이다. 한번 해보라!

캔자스 대학의 타라 크래프트와 사라 프레스만의 연구는 스트레스로 충만한 힘든 상황에서 웃음이 스트레스 반응을 바꾼다는 사실을 증명했다. 또한 기분이 좋지 않을 때라도 웃음이 심장 박동 수를 천천히 늦추며, 스트레스 수준을 낮춘다는 것도 증명해 보였다.

인간의 감정은 생리적인 현상 외의 경우에도 영향을 준다. 웃으면 현재 모든 것이 양호하다는 긍정적인 신호가 뇌에 전달되기 때문이다. 스트레스를 받거나 압박감에 시달린다면 한번 시도해 보고, 웃음이 제대로 역할을 하는지 확인하기 바란다.

스스로 전혀 웃을 이유가 없다고 생각된다면 입으로 펜이나 젓가락을 물고 있어라. 이러한 행동은 웃음을 자극하여 같은 효과를 만들어 낸다. 웃음을 유발하는 방법이 더 필요하다면 웃음과 장수 사이의 관계를 규명한 웨인 대학의 연구를 찾아보기 바란다!

웃을 때 우리의 몸은 '인생은 너무 멋져'라는 메시지를 세상에 전달한다. 웃는 사람들은 좀 더 자신감이 넘치고 신뢰받는 사람으로 인식된다는 결과를 다수의 연구에서 확인했다. 웃는 사람 주변에 있으면 다른 사람들의 기분도 좋아진다. 웃음이 유발하는 많은 혜택들은 아래와 같다.

- 세로토닌을 분비한다(기분을 좋게 만든다).
- 엔도르핀을 분비한다(고통을 낮춰 준다).
- 혈압을 낮춘다.
- 판단의 명확성을 높여 준다.
- 면역 시스템의 기능을 향상시킨다.
- 삶에 보다 긍정적인 전망을 제공한다(웃는 동안 비관론자가 되려고 한번 노력해 보라).

현실이 되기까지 속여라

"원하는 자질이 있다면 이미 가지고 있는 것처럼 행동하라."

윌리엄 제임스의 말에는 많은 진실이 담겨 있다. 마치 그런 것처럼 행동하라! 이미 당신이 생산적인 사람인 것처럼 행동하라. 생산적인 사람이 가진 삶의 질과 생활 방식, 직업 등을 모두 달성한 것처럼 행동하라. 보다 생산적인 사람이 되기를 원한다면 이미 그런 사람처럼 행동하기 시작해야 한다.

생산적인 사람처럼 말하고 걷고 자세를 취하라. 당신의 잠재의식은 현실과 상상을 구별하지 못한다. 이미 장점이나 좋은 성격 등을 가지고 있는 것처럼 행동하여 당신에게 유리하게 활용하라. 신경 언어 프로그래밍과 코칭 분야에서는 '모델링modeling'이라고 부른다.

성공적이고 생산적인 사람이 되기 위한 좋은 방법은 성공하고 생산적인 사람들을 관찰하고 모방하는 것이다. 그들이 할 수 있다면 당신도 가능하다. 그들을 면밀히 관찰해 보면 가장 성공적인 사람들이 종종 가장 생산적인 사람들이라는 사실을 알게 된다.

이 방법은 정말로 효과가 있다. 실제로 내가 했던 행동이기도 하다. 나는 성공적이고 생산적인 사람들이 설명하고 말하는 모든 비법들을 활용하여 스스로 생산적인 사람이 되었다. 나를 한번 보라. 지금부터 불과 6~7년 전만 하더라도 전혀 생산적이지도, 제대로 체계가 잡히지도 않은 사람이었지만, 지금 나는 생산성에 관한 책을 쓰고 있다.

현실이 되어 생생하게 목격하는 것처럼 행동하기 시작하라. 현실이 되기까지 속여라!

마음가짐을 바꿔라

　당신의 마음가짐은 시간 관리를 포함한 모든 것에 엄청 중요한 역할을 한다! 당신이 세상을 보는 방식을 극적으로 변화시키고, 당신이 세상을 대하는 방식도 바꾼다. 당신이 게임의 규칙을 받아들인다면 생활에서나 직장에서 고통이 줄어들 것이다.

　인생은 웃음과 눈물, 빛과 그림자로 구성되어 있다. 인생을 바라보는 방식을 바꿔 나쁜 순간까지도 받아들여야 한다. 당신에게 일어나는 모든 일들은 도전이며 동시에 기회이기도 하다.

최악의 상황에서도 항상 삶의 긍정적인 면만 보라. 가끔은 발견하기까지 시간이 걸리기도 하지만, 모든 나쁨 속에는 좋은 무언가가 숨겨 있다. 시간을 내어 과거를 되돌아보라. 사실이 아닌 것 같은가?

아내가 당신을 떠나고 삶이 피폐해졌다 해도 바로 오늘 새로운 사랑과 함께 지금까지 가져 보지 못한 행복한 순간을 만끽할 수도 있다. 사업상 거래가 틀어졌다 해도 오늘 당신에게 훨씬 좋은 기회가 찾아와서 오히려 과거의 잘못이 요행으로 바뀔 수도 있다.

불행은 실제로 당신의 인생에서 일어나는 것이 아니다. 그보다 중요한 것은 당신에게 일어나는 일에 대한 반응이다. 반응이야말로 당신의 인생을 구성한다는 사실을 기억하라! 인생은 행복과 슬픔이 뒤섞인 순간의 연속이다. 매 순간들을 최대한 활용하는 것은 전적으로 당신에게 달려 있다.

오래전 많은 성공학 강사와 긍정적인 사상가들은 다음과 같이 인생을 묘사했다.

"인생이 당신에게 레몬 하나를 준다면 설탕을 첨가해 레모네이드를 만들어라."

젊은 독자들은 다르게 말할지도 모르겠다.

"인생이 당신에게 레몬 하나를 준다면 약간의 소금과 테킬라를 요구하라."

이제는 당신도 핵심을 이해했을 것이다. 당신에게 실수를 허락하고, 실수로부터 교훈을 얻어라. 당신이 모르는 것이 존재한다는 사실을 받아들여라. 과감하게 도움을 요청하고, 타인들이 당신에게 도움을 주게 하여 자신을 놀라게 만들어라.

지금부터는 여태 인생에서 당신이 해 왔던 일과 앞으로 당신이 하고 싶은 훌륭한 일을 구별하라! 당장 나가서 당신의 인생을 되찾아라. 당신은 할 수 있다. 분명 할 만하지 않은가!

말을 조심하라

"당신이 원하는 것을 갖지 못하는 유일한 이유는 자신에게 계속해서 속삭이는 거짓말이다."

심리학자 토니 로빈스의 말이다. 말을 조심하라! 말을 과소 평가해서는 안 된다! 말의 힘은 너무나 강력하다!

경험을 설명하기 위해 사용하는 단어들은 또다시 우리의 경험이 된다. 당신은 아마도 살아가면서 무심코 내뱉은 말로 인해 엄청난 손해가 발생한 상황을 몇 번 정도 경험했을 것이다. 다른 사람뿐 아니라 자신에게도 그대로 적용된다. 그렇다. 당신의 머릿속에서 "말? 대체 어떤 말?"이라고 스스로 질문을 던졌던 작은 목소리이다.

말은 당신의 성과에 영향을 주지만, 타인들의 성과와 사고방식에도 영향을 준다. 피그말리온 효과를 기억하는가? 자신이나 타인들에 대한 당신의 기대는 말로 전달된다. 당신의 말은 자신의 결과만이 아니라 친구, 동료, 가족의 결과에도 영향을 미친다.

당신은 자신에게 하루 종일 이야기한다! 내면의 대화는 최면 상태에서 반복되는 암시와도 같다. 당신은 시간이 없다고 평소에 불평을 많이 하는가? 자신에게 주로 어떤 말을 하는가?

이제 시간 여유가 절대 생길 리 없을 거라고 자신에게 말한다면, 유감스럽게도 당신이 사는 세상 역시 그렇게 될 것이다! 반대로 당신은 항상 필요한 시간을 찾을 수 있고 엄청나게 생산적인 사람이라고 자신에게 말해 보라. 당신의 말대로 현실이 될 뿐 아니라 외부 환경도 제대로 변할 것이다. 물론 말만으로는 부족하다. 당신은 지금쯤이면 스스로 익혔을 시간 관리 비법을 실천하고 생활 속에 적용해야 한다.

내면의 대화는 자존감에도 커다란 영향을 미친다. 자신을 묘사할 때도 주의해야만 한다. "나는 게을러", "내 자신이 재앙이야", "난 정말 못할 거야", "난 어떤 것도 시간 안에 끝내지 못해" 같은 표현은 좋지 않다. "나는 피곤해"처럼 자신에게 피곤하다는 말을 하면 할수록 당신은 더욱더 피곤해진다!

내면의 대화를 조심하는 것은 매우 중요하다! 자신과 의사소통하는 방식은 당신에 대해 생각하는 방식을 바꿔 준다. 더 나아가 자신을 바라보는 느낌을 바꿔 주고, 행동도 변화시키며, 궁극적으로 행동에 따른 결과를 바꾼다. 아울러 타인들이 당신에 대해 가지는 인식마저 변화시킨다.

"나는 뛰어난 생산성을 달성하고 싶다", "많은 자유 시간을 가지고 싶다", "세상에, 난 정말로 좋은 사람이잖아" 같은 긍정적인 문장으로 자신과 지속적으로 대화하라. 당신의 잠재의식 속에 내재된 마음이 "아니요"라는 짧은 말은 이해하지 못하기 때문이다. 잠재의식은 단지 당신의 말을 이미지로만 이해한다.

망상에 사로잡히지 말라! 장담하건대 당신은 방금 헛된 생각을 하고 있었다. 당신이 원하는 일에 초점을 맞추어라. 당신의 말, 특히 당신이 자신에게 하는 질문들은 현실에 지대한 영향을 미친다.

내가 지도하는 고객들에게 자주 하는 조언이 있다. 다른 사람이나 자신에게 시간이 없다는 말은 절대로 하지 말라는 것이다. 대신 자신에게 "더 많은 시간을 어떻게 찾지?", "어떻게 더 많은 일을 할 수 있을까?"라고 질문하라고 조언한다.

자신에게 "어떻게?"라는 질문을 하면 당신의 뇌는 해답을 찾아서 떠올린다. 당신은 표현 방식을 바꾸고, 긍정적인 어투로 자신에게 이야기하며, 스스로 다양한 질문들을 던지게 되는 것이다. 진정으로 당신의 인생을 바꿀 수 있다.

무엇을 기다리고 있는가? 지금부터 자신에게 다양한 질문을 하기 시작하라!

☑ 강력한 질문 : "만약 (   ) 된다면?"

"우리의 기대는 현실을 보는 방법뿐 아니라 현실 자체에도 영향을 미친다."

에드워드 E. 존스의 말처럼 항상 최고를 기대하라! 인생은 매번 당신이 원하는 것을 주지는 못하지만, 기대하는 것은 확실히 안겨 준다!

성공을 기대하는가? 아니면 실패할지 모른다는 두려움으로 대부분의 시간을 보내고 있는가? 자신과 다른 사람들에 대한 기대는 잠재의식적인 믿음에서 비롯되며, 목적 달성에 막대한 영향을 미친다. 기대는 태도에 영향을 미치고, 태도는 당신의 생산성과 밀접한 관계가 있다. 또한 기대는 기꺼이 행동하려는 마음과 다른 사람들과의 모든 상호 작용에 영향을 준다.

마음이 좋아하는 질문 중 하나인 "만약 ( ) 된다면?"이라고 물으면 대부분의 사람들은 부정적인 결과를 기대한다. 이와 같은 질문을 통해 종종 잘못되는 상황에 집중한다. 가령 "일이 잘 안되면 어떡하지?", "마크가 쓴 책이 내게 효과가 없으면?", "내가 그 일을 완수하지 못한다면?", "내가 필요한 시간을 찾지 못하면?" 같은 질문들 말이다.

두려워하는 일에 집중하는 것은 즐겁지도 않고, 자신에게 도움도 되지 못한다. 제한적이거나 부정적인 것이라면 자신에게 맞게 바꾸어서 질문해 보라. "만약 반대 상황이 진실이라면?", "일이 너무 잘 풀리면 어떡하지?", "이 책이 내 인생을 바꾼다면?", "정말 효과가 있다면?", "내가 프로젝트를 제시간에 끝낸다면?", "마침내 내가 여유 시간을 찾는다면?"

질문하는 방식만 조정해도 당신과 당신의 에너지, 당신이 얻는 해답이 변한다. 당신의 생각과 내면의 대화를 바꾸기도 한다. 부정적인 질문은 접어 두고 갑자기 머릿속에 떠오른 "만일 ( ) 된다면?" 형식의 긍정적인 질문을 하라. 생각의 변화에 따른 이점은 다음과 같다.

- 스트레스와 두려움, 걱정이 줄어든다.
- 보다 평온함을 느끼게 된다.
- 에너지 수준이 상승한다.
- 자신만의 경험을 만드는 도움을 준다.

한번 해보라! 당신이 방금 글을 읽었을 때의 느낌은 어떠했는가? "만일 (   ) 된다면?"과 관련된 부정적인 질문 목록을 만들어 모두 긍정적으로 전환하라.

소진하지 말라

일반적으로 힘이 빠져 신체적, 정신적으로 탈진한 상태를 '소진burnout'이라 말한다. 심리학에서는 과도한 업무나 학업에 지쳐 무기력증, 불만, 자기 혐오감 등이 극에 달한 상태를 말한다. '소진'은 아주 조용히 당신의 삶으로 스며든다. 다음의 증상이 감지되었다면 아주 조심해야 한다.

• 일하는 시간은 점점 많아지지만, 완수하는 일은 줄어든다.

- 더 이상 잠을 잘 자지 못한다.
- 자신이 하고 있는 일이 싫어진다. 정말 가치 있는 일인지 스스로 자문하기 시작한다.
- 하루 종일 컴퓨터 앞에 앉아 있지만, 하루를 마감하면서 아무것도 해 놓은 것이 없다는 사실을 깨닫는다.
- 예전에는 몇 시간이면 끝낼 일이 지금은 며칠씩 걸린다.

업무나 직업상 동기 부여가 되어 많은 일을 처리하는 것과, 당신이 깨닫지 못하도록 몸이 천천히 지쳐 가는 것 사이에는 작은 경계가 존재한다. 단지 매일매일 자신을 질질 끌고 가고 있으며, 일이나 직업에 흥미와 즐거움도 잃었다고 스스로 깨달은 적이 있는가? 바로 당신이 경계를 막 넘으려고 하는 찰나이다. 자신에게 다음과 같은 질문을 해보라.

- 당신은 열정을 잃었는가?
- 예전보다 훨씬 적은 일을 완수하고 있는가?
- 아이디어와 추진력을 모두 써 버린 상태인가?
- 아침에 일어나서 일터로 가기가 힘이 들고, 심지어 싫다고 느껴지는가?

위의 질문 중 하나 이상의 항목에 "예"라고 답했는가? 그렇다면 당신은 소진되어 극도로 지쳐 있지는 않은지 살펴봐야 한다.

사업을 추진하고 경력을 쌓기 위해 하루 20시간씩 일해야 하며, 하루 휴가를 내거나 주말에 쉬는 것조차 불가능하다고 많은 사람들은 생각한다. 어느 정도는 맞는 말이지만, 안타깝게도 소진으로 가는 지름길이다. 지금까지 살펴본 대로 가끔씩 휴식을 갖고 주말마다 쉬는 것은 당신의 생산성에 손상을 주지 않는다. 오히려 생산성을 더욱 강화시켜 준다!

일단 성공하고 나면 일하는 시간을 줄일 수 있다고 생각하여 일주일에 60시간씩 일해서는 안 된다. 더 빨리 성공하기 위해서는 업무 시간을 줄이고 휴식을 취하라.

나는 당신이 현재의 업무 시간 중 절반은 줄일 수 있다고 장담한다. 이 책에 나온 비법들을 최대한으로 활용하라. 물론 당신은 일을 많이 해야 한다. 하지만 생산적인 사람으로 바뀌면 많은 시간을 업무에 투자하지 않아도 된다. 시간을 최대한으로 활용하라.

시간 투자와 시간 낭비 사이에는 커다란 차이가 있다. 가끔씩 취하는 짧은 휴식은 당신에게 새로운 활력을 준다. 휴식을 취한 이후 당신은 보다 많은 일을 완수할 것이다. 보다 창의적으로 되어 새로운 아이디어를 떠올리고, 보다 행복해진다. 결국 당신 앞에 놓인 장애물들을 잘 극복할 것이다. 휴식하지 않고 일만 한다면 노동 시간을 허비하는 것과 같다고 할 수 있다!

당신은 정작 해야 할 만큼 일을 하지 않는가? 뭐든 잘 잊어버리는가? 어떠한 일도 하지 않고 단지 몇 시간 동안 컴퓨터 앞에 앉아만 있는 느낌이 드는가? 지금이 바로 휴식이 필요한 순간이다.

소 진 을 예 방 하 는 방 법

- 적어도 일주일에 하루는 휴식을 취한다.

- 충분한 수면을 취한다. 대체로 자정이 되기 전에 잠자리에 들고, 다음 날 일찍 일어나는 것이 좋다. 새벽 2시까지 일한다면 보통 다음 날의 생산성이 떨어진다. 물론 당신의 생활 리듬에 따라 다르다. 당신이 '올빼미족'이라면 늦게까지 일하는 편이 좋을지도 모른다. 당신 스스로 시도해 보고 결정하라. 수면 부족은 확실히 소진을 촉진한다.

- 자신을 잘 돌보라. 좋은 책을 읽고, 영화를 보러 가고, 마사지를 받고, 일출을 감상하고, 물가에 앉아 쉬고, 산책하고, 거품 목욕을 하고…… 자신에게 잘해 주면 자신감과 자존감을 높여 주는 긍정적인 작용과 더불어 생산성

도 기적같이 늘어날 것이다!

- 불필요한 프로젝트는 버려라. 파레토 법칙을 기억하는가? 당신의 프로젝트 중 80%의 수익을 가져오는 20%를 확인하고 나머지는 버려라. 집중적으로 많은 시간을 요하거나, 너무 많은 노력이 필요하고, 상대적으로 적은 수입을 가져오는 일들은 과감히 버려라. 당신이 수용할 만한 새로운 프로젝트를 선택하라. 당신이 진정으로 원하지 않는 일은 비용이 두 배로 든다. 그런 프로젝트를 여전히 가지고 있다면 대부분을 아웃소싱하라.

실천하기 위한 여러 방법들

시 간 관 리

- 당신이 진정으로 원하는 일이 무엇인지 규정하는 약간의 시간을 투자하라.
- 계획하라. 하루 전에 15분을 사용하거나, 하루를 시작하기 전 15분을 활용하여 계획하라.
- 일의 우선순위를 정하라.
- 불편한 일은 제일 먼저 하라.

- 시간을 차단하고 "아니요"라고 말하는 법을 배워라.
- 유사한 업무는 묶어서 처리하라(일괄 처리).
- 작업 목록을 활용하라.
- 업무 차단 기록표를 작성하라.
- 최소 일주일에 한 번은 당신의 시간 사용에 대해 파악하라.

갈 등 관 리

- 대답하려 하지 말고, 이해하려 노력하며 경청하라.
- 서로 윈윈win-win할 상황을 협상하라.
- 대립보다는 협력을 선택하라.
- 기꺼이 자발적으로 시작하라.
- 당신에게 필요한 것에 대한 이유를 설명하고, 다른 사람들이 당신을 도울 방법을 알려 주라.
- 심호흡을 하라
- 기억하라. "우리는 있는 그대로의 세상을 보는 것이 아니다. 우리가 바로 세상이라고 생각한다."

새 이 메 일 관 리

- 이메일 도착을 알리는 소리를 꺼라.

- 하루 중 이메일에 접속할 구체적인 시간을 배정한다.
- 이메일 확인에 몰두해서는 안 된다. 누구도 당신이 하고 싶지 않은 일을 강요할 수 없다.
- 새 이메일 확인을 삼갔다면 자신에게 보상을 하라.
- 이메일 확인에 들인 시간을 검토하여 당신이 업무에 집중한 시간과 비교해 보라.
- 매일 아주 짧은 시간만 이메일 확인에 사용하라.

받은 이메일 관리

- '받은 편지함'의 관리를 위해 시간을 따로 마련하라.
- 당신의 필요에 따라 파일들을 조직하라.
- 1개월 이상 지난 이메일은 '임시 저장함'으로 옮겨라. 6개월 이상 열어 보지 않은 이메일은 모두 삭제하라.
- 하나의 프로젝트를 작은 업무별로 나누고, 매일 한 시간씩 이메일과 관련된 업무를 처리하라.
- 매일 저녁 이메일 함이 깨끗한 상태로 퇴근하라.
- 다음을 기억하라. 바로 지금 하고, 나중을 위해 보관하고, 다른 사람에게 맡기고, 참조를 위해 보관하고, 나머지는 삭제하라.
- 미루면 미룰수록 더욱 귀찮아진다.

- 다른 나라에서 온 이메일은 아침에 제일 먼저 처리하라.
- 팀원들에게 정말 중요한 이메일만 복사해서 가져다 달라고 알려 주라.
- 오전, 오후 중 방해받지 않고 업무를 수행할 시간을 배정하라.

업 무 관 리

- 목표를 설정하고 각각의 목표에 맞는 시간을 할당하라.
- 주어진 시간에 맞추기 위해 업무에 전념하라.
- 정신이 산만해지는 일은 피하라.
- 유사한 업무는 그룹으로 묶어라(일괄 처리).
- 업무를 위한 시간을 설정하고, 방해를 허용하지 말라.
- "아니요"라고 말하는 법을 배워라.
- 목표에 초점을 맞추고, 결과를 시각화하고, 일의 우선순위를 정하라.
- 파레토 법칙을 기억하라. 노력의 20%가 결과의 80%를 가져온다.

과 다 업 무 관 리

- 업무의 우선순위를 정하라. 시간 관리 매트릭스를 활

용하라.

- 가장 중요한 업무에 먼저 시간을 할당하고 지키려는 노력을 하라
- 당신이 해야 할 업무가 정말 필요한 업무인지 확인하라. 다른 사람에게 위임하거나 자동화할 수 있는가?
- 당신의 작업량에 대해 상관과 대화할 필요가 있다고 생각하는가?

타 인 과 의 신 뢰 관 리

- 타인이 알려 주는 필요한 것들을 받아 적어라.
- 그가 당신의 업무 지연에 얼마나 영향을 미치는지 기록해 두라.
- 해결책을 도출할 방법을 미리 생각해 두라. 대안을 제시하라.
- 긍정적인 말을 사용하라.
- 그와 회의를 하거나 개인적인 통화를 하라.
- 솔직하고 예의 바르고 이해심을 가져라.
- 그가 당신의 요청을 무시한다면 당신의 상관과 이야기하라.

- 친절하게 "아니요"라고 말하고, 나중을 위해 시간을 배분하는 법을 익혀라.
- 지금부터는 아무런 방해 없이 당신의 시간을 존중해 주면 고맙겠다는 말을 사람들에게 하라.
- 헤드폰을 사용하라.
- 당신이 방해받지 않는 장소로 이동하라.
- 전화는 음성 메시지로 전환하라.
- 당신이 바쁜 동안 전화를 대신 받아 주는 것을 동료 직원과 협의하라.
- 당신이 초대받은 모든 회의에 참석할 필요가 있는지 분석하라.
- 다른 사람들을 도와주라. 다만 도움이 굳어진 습관처럼 되어서는 안 된다.

긴 급 함 관 리

- 각각의 업무에 우선순위를 정하고 중요성을 확인하라.
- 모든 일이 긴급하다는 결론에 이르면 당신의 작업 부하를 수정해야 한다.
- 당신의 모든 업무가 긴급한 이유를 분석하라. 해야 할

일들을 지체했는가? 체계적으로 진행하고 있는가? 당
신의 동료는 체제적으로 일하고 있는가? 기술적인 문
제가 있는가?

- 여러 업무를 왔다 갔다 해서는 안 된다.
- 차분한 목소리로 현재 가장 긴급한 업무가 끝나 가고 있
  으며, 바로 다음 업무로 이동할 예정이라고 설명하라.
- 당신의 업무가 언제 완료될지 공손하게 설명하라. 사람
  들은 당신이 바쁘다는 말을 듣고 싶어 하지 않는다. 단지
  부탁한 일이 언제 완료되는지만 알고 싶어 한다.

산 만 함 관 리

- 당신이 해야 할 일의 목록을 만들라.
- 일의 우선순위를 정하라.
- 하루가 끝나기 전에 당신의 업무를 마무리하기 위해 전
  념하라.
- 자신에게 업무를 완수한 보상을 하라.
- 그날의 목표를 달성하도록 동료에게 도움을 요청하라.
- 전화기를 꺼라.
- 집중을 못 하게 주의를 흩뜨리는 모든 것을 끊어라. 최
  소 하루에 한 시간은 아무런 방해 없이 집중해서 일하라.

- 매일 한 단계씩 성취해 나가되, 실패하더라도 자책해서는 안 된다. 다음 날 다시 시도하라.
- 아무도 당신을 위해 그 일을 해주지 못한다는 사실을 명심하라.
- 매일 아침에 가장 불편한 일을 먼저 수행하고, 일주일 후 결과를 확인하라.
- 업무를 완수하면 자신에게 보상하라.
- 당신에게 쉬운 도구들을 활용하라(목록, 그룹 과제 등).

다 중 작 업 관 리

- 다중 작업은 피하라. 다중 작업의 생산성이 떨어진다는 사실을 많은 연구들이 증명하고 있다.
- 시간 관리 매트릭스를 활용하고, 한 번에 한 가지씩 진행하라.
- 규칙을 정하라. (지속적인 이메일 확인은 피한다, 메시지나 사적인 전화에는 응답하지 않는다, 중요하지 않은 일에 정신이 산만해져서는 안 된다 등.)
- 당신이 몰두해야 하는 구체적인 업무에 맞는 '시간 구역'을 계획하고 지킨다.

- 하나의 업무를 완료하면 휴식을 취한 후 다음으로 진행해 간다.

소음 관리

- 귀마개를 사용한다.
- 업무 장소를 조용한 곳으로 바꾼다.
- 헤드폰을 사용한다.
- 중요한 일은 시끄러운 시간대를 피해 아침 일찍 하거나 밤에 한다.
- 상황이 정말 좋지 않다면 생각을 정리하기 위해 산책한다.

실수 관리

- 우리 모두는 지속적으로 배우는 과정에 있다. 도움을 요청하라! 당신의 상관은 이해할 것이다.
- 기억하라. 지금 한 번의 긴장이 나중의 후회보다 낫다.
- 최악의 상황이 벌어진다 해도 '실수를 통해 더 많은 것을 배운다'고 철학적으로 생각하라.
- 당신의 상관에게 도움이 필요하다고 말하고, 요청 사항을 정확히 설명하라(훈련, 조언, 코칭 등).

- 당신이 모든 회의에 참여해야만 하는지 확인해 보라.
- 당신은 회의 내내 자리를 지켜야만 하는가?
- 당신이 다른 업무에 집중할 수 있게 회의 없는 날을 정하라.
- 회의 참석이나 다른 업무들을 위임하라.

마지막으로
추가할 조언들

당신이 이번 챕터에서 시간 낭비를 초래하는 모든 것들을 인지하기 바란다. 가장 위험한 '시간 도둑들'과 그것들을 관리하는 방법을 간단히 요약하였다. 당신이 진정으로 생산성을 높이는 다음 단계로 나아가도록 추가한 내용들이다. 시간 낭비 요인들을 효과적으로 잘 관리한다면 최소한 당신의 생산성에 해를 끼치지는 않을 것이다.

　이메일 도착 알림을 *끄면* 생산성을 높일 수 있다. 알림 소리나 진동은 당신에게 7~25분간의 시간 손실을 가져와 집중을 방해하는 요인이다.

- 당신이 이메일을 확인하는 시간을 정해 두고 제한한다. 오전, 오후, 저녁으로 나눠 하루 세 번 30분씩 이메일 확인을 하는 식이다.
- 회신에 시간이 오래 걸리는 이메일은 "귀하의 이메일을 잘 받았으며, 자세한 내용은 나중에 회신해 드리겠습니다"와 같은 말로 간단한 메시지를 보낸다. 그 후 당신의 업무 목록에 추가한다.
- 받은 편지함을 체계적으로 관리하라.
- 사적인 이메일로 주의가 흐트러지는 것을 방지하기 위해 업무용 이메일과 다른 계정을 사용한다.
- 당신이 이메일을 받았으며 가능한 빨리 회신하겠다고 상대에게 알려 주는 '부재중' 메시지를 만들라.
- 당신이 보내는 유사한 이메일에는 서식을 만들어 둔다.

무언가 조사하기 위해 인터넷 접속을 했는데, 당신이 알지 못하는 사이에 점심시간이 되곤 한다. 두 시간째 무작위로 유튜브 동영상을 찾아 시청하고 있는 당신을 발견하는 경우도 비일비재하다. 인터넷의 무한한 공간에서 의미 없이 여기저기 돌아다니기란 정말로 쉽다.

- 최선의 방법은 인터넷을 멀리하는 것이다! 온라인에 접속해야 하더라도 당신의 목표는 계속 마음속에 명심하도록 하라! 당신이 찾고 있는 구체적인 정보는 무엇인가? 당신이 완수하고자 하는 업무는 무엇인가?
- 당신의 SNS 계정을 로그아웃하라.
- 휴대폰에 설치된 SNS 알림 소리를 꺼라.
- SNS 확인은 여가 시간을 활용하거나, 아예 확인 시간을 줄인다. 슈퍼마켓에서 줄을 서서 기다리는 동안 모바일 기기를 사용해 회신을 보낼 수도 있다. 직업상 SNS를 사용해야 한다면 확인 시간을 일정에 포함시켜서 업무를 계속 진행한다. 일정에 포함되어 있지 않을 경우에는 SNS를 멀리하도록 한다.

전화 통화

전화 통화라고 모두 중요하지는 않다. 전화가 올 때마다 일일이 응답할 필요는 없다. 그럼에도 가끔은 어쩔 수 없이 전화를 받아야만 하는 상황이 있다.

- 지속적으로 짧은 통화를 유지하여 생산성을 최대화하고, 중요한 업무에 집중하라.
- 전화가 음성 메시지로 전환되도록 설정하고 회신 전화를 해줄 시간을 알려 준다.
- 나중에 전화할 사람에 대한 시간 계획을 세운다.
- 합의된 시간 동안 걸려 오는 전화는 동료에게 연결되도록 하라. 동료는 전화를 건 사람에게 당신과 통화하기에 적당한 시간을 알려 줄 것이다. 당신의 동료도 생산성을 높이도록 같은 역할을 해준다.

회 의

개인적인 의견은 회의를 건너뛰거나 실시하지 않는 것이다. 나는 비생산적인 회의로 확실히 피해를 본 사람이다. 불가능하다면 회의는 최소한의 횟수로, 최대한 짧게 실시하도록 한다.

- 시작 시간과 끝나는 시간을 명확히 한다.
- 모든 사람들에게 회의의 목표가 무엇인지 알려 준다.
- 중요한 사안에 집중하도록 회의 시작 전에 참가자들에게 필요 사항을 알린다.
- 회의를 서서 하거나 걸으면서 하는 것도 좋다. 보통은 회의가 빨리 끝나게 된다.
- 참가자들을 직접 대면하기보다 가능하다면 화상 통화 프로그램 같은 것을 활용한다.

동 료

집중을 방해하는 동료에 대처할 몇 가지 방법이 있다.

- 동료로부터 물리적으로 당신을 격리시키고 문도 닫는다.
- 헤드폰을 사용하라.
- 당신의 업무를 스스로 제어할 때까지 동료의 요청을 거절하라.
- 당신이 언제 바쁘고 어떤 행동이 방해가 되는지 알려 주라.
- 나중에 동료에게 도움을 제공하라.

당신이 반드시 해야 할 몇 가지 일이 있다면 간단히 해결할 4가지 방법이 있다.

- 제거하라.
- 위임하라.
- 아웃소싱하라.
- 자동화하라.

무슨 일이 있어도 동료나 가족, 친구를 위해 심부름을 해서는 안 된다. 모든 사람들에게 한 가지씩 심부름을 해준다면 당신은 절대 여유 시간을 찾을 수 없다. 심부름을 해주는 것은 커다란 시간 낭비이다.

부탁을 잘 들어주는 착한 사람이 된다면 주변 사람들이 좋아하겠지만, 절대 당신의 목적을 위한 시간을 가질 수 없다. 당신이 사장이라면 곧 파산하고 말 것이다. 따라서 누구를 위해 어떤 부탁을 들어줄지 신중하게 살펴야 한다.

당신은 모든 사람들의 심부름을 해주고 부탁을 들어주는데도 여전히 성공적인 삶을 살고 있는가? 세상 모든 시간을 가지고 여유롭게 지내고 있는가? 그렇다면 내게 알려 주기 바란다. 나는 지금까지 그런 사람을 만나 본 적이 없으니까!

오 락

고객의 시간을 살펴보던 나는 그들이 TV, 비디오 게임, SNS, 유튜브, 온라인 게임 등 분별없이 오락을 즐기면서 많은 시간을 낭비하고 있다는 사실을 발견했다. 가끔씩 일에 대한 부담을 잊어버리고 마음을 조금 흩뜨리는 행동도 어느 정도는 중요하다 하겠다. 문제는 당신이 통제력을 잃거나 휴식 시간과 업무 시간을 더 이상 구별하지 못하면서 시작된다. 일과 오락에 관한 명확한 규칙에 따라 시간을 정하라. 일할 때는 일하고, 놀 때는 놀아야 하다.

습관 혁명

초판 1쇄 인쇄 2016년 12월 16일
초판 1쇄 발행 2016년 12월 23일

지은이 마크 레클라우
옮긴이 김성준

펴낸이 박세현
펴낸곳 팬덤북스

기획위원 김정대 · 김종선 · 김옥림
편집 김종훈 · 이선희
디자인 강진영
영업 전창열

주소 (우)03966 서울시 마포구 성산로 144 교홍빌딩 305호
전화 070-8821-4312 | **팩스** 02-6008-4318
이메일 fandombooks@naver.com
블로그 http://blog.naver.com/fandombooks

등록번호 제25100-2010-154호

ISBN 979-11-86404-82-9 13320